Marieluise Christl-Licosa

Nudel-Variationen

Reizvolle Rezept-Ideen und praktische Tips

GU
Gräfe und Unzer

Titelseite: Grüne Nudeln mit Tomaten und Pilzen, Rezept Seite 20.

2. Umschlagseite:
Eine bunte Auswahl aus dem breitgefächerten Angebot der Teigwarenindustrie.

1 Spaghetti
2 Makkaroni
3 Rigatoni
4 Hörnchen
5 Farfalline
6 Tortellini
7 Taglierini (Suppennudeln)
8 Conchiglie
9 Farfalline
10 Ditali
11 Penne
12 Ringe
13 Lasagne
14 Tagliatelle verdi (grüne Bandnudeln)
15 Tagliatelle al'uovo (Eierbandnudeln)

3. Umschlagseite:
Trenette al pesto genovese, Rezept Seite 29. Diese köstliche Genueser Sauce wird aus frischem Basilikum, Knoblauch, Pinienkernen, Schafkäse und Olivenöl komponiert.

Marieluise Christl-Licosa
ist in Tirol geboren und aufgewachsen. Mit ihrem Mann und den vier Söhnen lebte sie viele Jahre in Mailand und ist jetzt in Deutschland zu Hause. Aus der Pflicht, für eine große Familie zu kochen, entwickelte sich bald ein Hobby. Auf zahlreichen Reisen sammelte Frau Christl-Licosa Rezepte aus erster Hand, bei einfachen Hausfrauen ebenso wie bei Chefköchen bekannter Feinschmekkerlokale. An der Volkshochschule in Germering bei München unterrichtet sie italienische Sprache und gibt Kurse für italienische Küche. Im gleichen Verlag sind von ihr die Küchen-Ratgeber »Echt italienisch kochen«, »Pizza, Calzone und Focaccia« und »Preiswert kochen« erschienen.

CIP-Kurztitelaufnahme der Deutschen Bibliothek

Christl-Licosa, Marieluise:
Nudel-Variationen: reizvolle Rezept-Ideen u. praktische Tips / Marieluise Christl-Licosa. - 6. Aufl. - München: Gräfe und Unzer, 1988. - ISBN 3-7742-1406-9

6. Auflage 1988

Redaktion: Nina Andres
Herstellung: Birgit Rademacker
Farbfotos: Fotostudio Teubner
Zeichnungen: Ingrid Schütz
Umschlaggestaltung: Constanze Reithmayr-Frank
Satz und Druck: Appl, Wemding
Reproduktion: Brend'amour, Simhart & Co.
Bindung: R. Oldenbourg

ISBN: 3-7742-1406-9

Sie finden in diesem Buch

Ein Wort zuvor 5

Wissenswertes über Teigwaren 6
Nudeln haben eine lange Geschichte 6
Wie man Nudeln macht 6
Nudeln aus vollem Korn 7
Wie man Nudeln richtig kocht 8
Wie man Spaghetti richtig ißt 11
Küchengeräte 11 · Zubereitungszeit 12
Kalorien 12 · Warenkunde 13

Nudelgerichte für eilige Leute 14
Nudeln mit Sommergemüse 14
Nudeln mit Speck und Zwiebeln 14
Nudeln mit Eiern und Petersilie 15
Spaghetti mit Thunfisch 15
Nudeln mit Sardellen 16
Spaghetti mit Kapern und Tomaten 16
»Heu und Stroh« mit Sahne und Schinken 17
Spaghetti mit Huhn 17
Nudeln mit Kalbfleisch 18

Rezepte für Leute, die mehr Zeit haben 19
Makkaroni mit Lauch und Spinat 19
Nudeln mit Spargel und Tomaten 19
Grüne Nudeln mit Tomaten und Pilzen 20
Nudeln mit Zucchinigemüse 20
Appenzeller Nudeln mit Kartoffeln 21
Bandnudeln mit Erbsen und Schinken 21
Nudeln mit Bratwurst und Brokkoli 22
Bandnudeln mit Schweineragout 23
Makkaroni mit Lammragout 23
Spiralnudeln mit Hasenragout 24
Bandnudeln mit Entenragout 25
Spaghetti mit Nieren in Tomatensauce 25
Bandnudeln mit Geflügelinnereien 26

Italienische Lieblingsgerichte 29
Spaghetti con aglio, olio e peperoncino
Spaghetti mit Knoblauch und Paprika 29
Trenette al pesto genovese · Schmale Bandnudeln mit Genueser Sauce 29
Spaghetti alla napoletana · Spaghetti mit Tomatensauce 30
Spaghetti all'amatriciana · Spaghetti, wie sie die Frauen in Amatrice zubereiten 30
Pasta alla bolognese · Nudeln mit Hackfleischsauce 31
Spaghetti alla carbonara · Spaghetti nach Art der Köhlersfrau 31
Lasagne al forno · Teigwaren mit Bologneser Ragout überbacken 32
Cannelloni 33

Nudeln mit Meeresfrüchten 34
Spaghetti mit Miesmuscheln 34
Miesmuscheln in Weinsauce 35
Spaghetti mit Herzmuscheln 35
Spaghetti mit Krabben 36
Nudeln mit Fischsauce nach Genueser Art 37
Spaghetti mit Tintenfisch 37
Spaghetti mit Tintenfisch und Tomaten 38

Für den Urlaub im Süden 39
Penne mit Oliven und Kapern 39
Spaghetti mit rohen Tomaten 40
Linguine mit Tomaten und Kräutern 40
Linguine mit Sahne und Basilikum 41
Nudeln mit Tomaten und Mozzarella 41
Spaghetti mit Tomaten und Oregano 42
Nudeln mit Tomaten und Basilikum 42

Nudeln fernöstlich 43
Gebratene Nudeln mit Kastanien 43
Nudelsuppe mit Schalotten und Eiern 44
Nudelsuppe mit Fleisch und Gemüse 47
Nudeln mit Gemüse und Krabben 47
Nudeln mit Rindfleisch und Zwiebeln 48
Schweinefleisch mit Glasnudeln 48
Gebratene Nudeln mit Bambussprossen 49

Sie finden in diesem Buch

Noch nicht ganz Nudeln 50
Spätzle hausgemacht 50
Käsespätzle 50
Spätzle mit Schafkäse 51
Gaisburger Marsch 51
Leberknöpfli 52
Tiroler Spinatnockerl 53
Wiener Schinkenfleckerl 53
Fleckerl aus dem Burgenland 54

Gefüllte Teigtaschen 57
Tiroler Schlipf- oder Schlutzkrapfen 57
Ravioli 58
Ravioli in Sahnesauce 59
Tortellini 60
Tortellini mit Geflügelleber 60
Schwäbische Maultaschen 61

Leichte und deftige Nudelsuppen 62
Muschelsuppe 62
Zucchinisuppe mit Nudeln 62
Nudeltopf mit Geflügelinnereien 63
Nudelsuppe mit Kohl und Bohnen 63
Kartoffelsuppe mit Nudeln 64

Nudelgerichte überbacken 65
Nudelauflauf mit Spiegeleiern 65
Makkaroni mit Mozarella 65
Bandnudeln mit Pilzen 66
Nudelauflauf mit Gemüse und Schinken 66

Nudelsalate 67
Schweizer Nudelsalat 67
Nudelsalat mit Schinken und Bohnen 68
Bunter Nudelsalat 68
Nudelsalat mit Huhn und Bleichsellerie 69
Nudelsalat mit Rindfleisch 69

Rezept- und Sachregister 70

Wichtig: Alle Rezepte sind für vier Personen berechnet.

Ein Wort zuvor

Herzhafte Teigwarengerichte wie Spätzle, Nockerl oder Maultaschen standen seit eh und je auf ländlichen und bäuerlichen Mittagstischen. In der »feinen« Küche dagegen wurden Nudeln eher als universelle Beilage zu Fleisch und Sauce geschätzt. Insgesamt wurden Teigwaren aber doch recht einfallslos verwendet.

Erst der Touristenstrom ins Ausland brachte tiefere Einblicke in fremde Koch- und Eßgewohnheiten. So lernten Urlauber in Italien zum Beispiel, daß man Nudeln nicht nur als mehr oder weniger klebrige Beilage in Salzwasser kochen, sondern »al dente« mit einer Vielzahl von Saucen zu köstlichen Spezialitäten komponieren kann. Einige davon, wie Spaghetti »alla bolognese« oder »alla napoletana« wurden wie Lasagne und Cannelloni so beliebt, daß viele auch nach den Ferien nicht mehr darauf verzichten wollen. So kommt es, daß Hausfrauen und Hobbyköche sich immer eingehender mit Nudeln befassen. Die Statistik über den Pro-Kopf-Verbrauch zeigt auch ständig steigende Tendenz. Die Industrie lockt mit neuen Formen die jungen Leute, die ältere Generation hält sich mehr an die gewohnten Bandnudeln und bekannten Spaghetti. Allen gemeinsam ist jedoch das rege Interesse an guten Originalrezepten. Mit meinen NUDEL-VARIATIONEN möchte ich denen helfen, die den Teigwaren einen neuen Platz in ihrer Küche geben wollen.

Da Italien über eine schier unerschöpfliche Vielfalt an Nudelgerichten verfügt, nehmen natürlich italienische Rezepte einen großen Teil in diesem Buch ein. Danach können Sie Spezialitäten kochen, die auf der Speisekarte jedes italienischen Lokals angeboten werden, daneben aber auch viele Gerichte, die man selbst in Italien nur zu Hause zubereitet. Es gibt Rezepte für eilige Leute und für solche, die mehr Zeit am Herd verbringen können. Ein Kapitel ist Nudelgerichten mit Meeresgetier gewidmet, ein anderes berücksichtigt die kulinarischen Probleme von Selbstversorgern am sommerlichen Mittelmeer. Für viele Rezepte finden Sie farbige Abbildungen und schwierige Arbeitsvorgänge werden in Schritt-für-Schritt-Fotos gezeigt.

Aber nicht nur Italiener verstehen sich auf die Zubereitung von Nudeln. In China haben die Teigwaren sogar eine wesentlich ältere Tradition, deshalb dürfen zumindest einfache chinesische Nudelgerichte in diesem Küchenratgeber nicht fehlen.

Im Zeitalter der Nostalgie besinnen sich nicht nur Gastwirte auf alte bodenständige Gerichte. Meine NUDEL-VARIATIONEN bieten Hobbyköchen die Möglichkeit, ihre Freunde mit hausgemachten »Schmankerln« wie Käsespätzle, Maultaschen und Schlutzkrapfen zu überraschen. Außerdem finden Sie in diesem Buch Anleitungen, wie man Teigwaren (auch Vollkornnudeln) selbst herstellen kann, wie man Nudeln richtig kocht und schließlich sogar, wie man Spaghetti kunstgerecht verzehrt. Ein Kapitel Warenkunde unterrichtet über Einkauf und Lagerung, ein anderes beweist, daß Nudeln nicht dick machen.

Gute Nudelgerichte sind nie langweilig. Das kann ich Ihnen aus eigener Erfahrung bestätigen, denn in diesem Sommer wurde meine Familie 50 Tage hintereinander mit einem anderen Nudelgericht beglückt. Jedes wurde mit Genuß verzehrt, und weder Eltern noch Kinder haben bei dieser »Diät« zugenommen.

Darum wünsche ich mir, daß Ihnen die Lektüre meiner NUDEL-VARIATIONEN so viel Spaß am Nudelkochen und -essen vermittelt, wie wir ihn schon seit vielen Jahren haben.

Ihre Marieluise Christl-Licosa

Wissenswertes über Teigwaren

Nudeln haben eine lange Geschichte

Es ist unbestritten, daß man im Fernen Osten schon seit Jahrtausenden Gerichte aus Teigwaren kennt. Woher aber unsere Nudeln kommen, darüber gehen die Meinungen auseinander. Weit verbreitet ist die Ansicht, Marco Polo habe sie von seinen Ostasienreisen nach Genua gebracht. Man kann aber auch lesen, jüdische Handelsreisende aus Südrußland wären schon vor ihm dort gewesen und hätten die Nudeln in Osteuropa verbreitet. Eine andere Version ersetzt die ostjüdischen durch deutsche Kaufleute und vertritt die beinahe grotesk anmutende Theorie, die Italiener hätten das Nudelmachen von den Deutschen gelernt. Eine amerikanische Enzyklopädie belehrt den erstaunten Leser, Deutschland und damit Europa verdanke die Kenntnis der Teigwarenherstellung den Mongoleneinfällen.

Marco Polo hat seine Reiseberichte 1298 geschrieben. Die Geschichte der italienischen Teigwaren ist jedoch nachweislich viel älter. In einem etruskischen Grab fand man eine Darstellung von Requisiten, die zu ihrer Herstellung nötig sind. Auch weiß man, daß die alten Römer gerne »lagana« verzehrten, Teigstreifen, die gebacken und süß gewürzt waren. In der Spätantike ließ man den Teig leicht antrocknen und schnitt ihn zu Nudeln, die in Geflügelbrühe gekocht wurden. Da sie leicht verdarben, mußten sie frisch gegessen werden. Erst die Araber sollen auf die Idee gekommen sein, den Teig um Stöckchen zu wickeln und an der Luft trocknen zu lassen. Damit waren die Makkaroni geboren. Die Sizilianer dagegen, die überhaupt das Urheberrecht für Nudeln für sich beanspruchen, behaupten allerdings, sie hätten diese Methode den Arabern beigebracht. Nun, zwischen beiden Völkern gab es im Laufe der Geschichte nicht nur kulinarische Verstrickungen. Obwohl man die Sizilianer längst »mangiamaccaruni« (Makkaroni-Esser) nannte, während die Neapolitaner noch als »mangiafoglie« (Gemüse-Esser) bezeichnet wurden, ging der Siegeszug der »pasta« schließlich doch von Neapel aus. Als man begann, Nudeln maschinell herzustellen, entwickelte sich dort eine lebhafte Industrie, deren Erzeugnisse nicht nur zum Volksnahrungsmittel wurden, sondern als Exportschlager die Alte und die Neue Welt mit Teigwaren versorgten.

Wie man Nudeln macht

Ich muß gestehen, zu Beginn meiner Kochkarriere war der Nudelteig einer meiner Angstgegner. Als ich meiner Großmutter davon erzählte, meinte sie: »Aber Kind, das ist doch ganz einfach. Wenn du ›Hausnudeln‹ machen willst, mußt du dir Zeit lassen. Und die Luft in der Küche darf nicht zu trocken sein, sonst bricht der Teig beim Schneiden«. Deshalb brühe ich mir vor Beginn der Arbeit eine große dampfende Kanne Kaffee auf, trinke ein Täßchen, und alles andere geht fast von selbst:

Für 4 Portionen 400 g Mehl so auf das Backbrett schütten, daß ein kleiner Hügel entsteht. In diesen eine Mulde drücken, 4 Eier hineinschlagen, eine Prise Salz dazugeben und mit einer Gabel langsam das Mehl unter die Eier rühren. Dann die Masse kräftig mit dem Handballen kneten, bis sie glatt und glänzend wird. Das dauert ungefähr 10–15 Minuten. Wird der Teig zu fest, weil die Eier für die Mehlmasse zu klein sind, etwas Wasser hinzufügen. Wenn man den fertigen Teig durchschneidet, muß er an der Schnittfläche kleine Löcher aufweisen.

Mein Tip Wer über eine Küchenmaschine verfügt, kann das Mehl, die Eier und das Salz in die Rührschüssel geben und mit dem Knethaken so lange durcharbeiten, bis sich aus den Krümeln ein zusammenhängender Teig gebildet hat. Dieser muß dann allerdings noch von Hand geknetet werden, bis er die vorgeschriebene Konsistenz erreicht hat.

Jetzt den Teig in ein bemehltes Tuch wikkeln, eine Schüssel darüberstülpen und eine Viertelstunde ruhen lassen. Inzwischen kann man ohne Eile die zweite Tasse Kaffee trinken. Vor dem Ausrollen das Backbrett leicht mit Mehl bestreuen, den Teig in 3–4 Portionen teilen, und diese nacheinander von der Mitte zum Rand hin gleichmäßig etwa messerrückendick ausrollen. Den Teil des Teiges, der nicht sofort verarbeitet wird, wieder in das Tuch einschlagen.

Die Teigplatten kurz trocknen lassen. Sie dürfen aber nicht hart werden. Leicht mit Mehl bestreuen, zusammenrollen, eventuell zuerst halbieren, und mit einem scharfen Messer in der gewünschten Breite zuschneiden. Die Nudeln mit beiden Händen vorsichtig aufnehmen, schütteln und auf ein bemehltes Tuch fallen lassen. Dort mit einer Gabel leicht lockern und trocknen lassen.

Da gut getrocknete Nudeln in einem dicht verschlossenen Gefäß einige Wochen aufbewahrt werden können, empfiehlt es sich, aus wenigstens 600 g Mehl und 6 Eiern den Teig zu kneten und aus dem restlichen Drittel zum Beispiel Suppennudeln zu schneiden.

Nudeln aus vollem Korn

Es gibt immer mehr Menschen, die für ihre Ernährung nur naturbelassene Lebensmittel verwenden und daher Produkte aus Auszugsmehlen ablehnen. Auch sie brauchen auf den Genuß von Nudelgerichten nicht zu verzichten, wenn sie über eine Getreidemühle verfügen. Das Herstellen dieser Teigwaren selbst bereitet keine Schwierigkeiten.

400 g Weizen mehlfein mahlen und so viel Kleie absieben, daß 300 g Mehl übrigbleiben, sonst werden die Nudeln zu fest und zu schwer. Das Mehl mit 1 Eßlöffel fettarmem Sojamehl mischen und so auf das Backbrett schütten, daß ein kleiner Hügel entsteht. In diesen eine Mulde drücken, 2 Eier hineinschlagen, 5 Eßlöffel handwarmes Wasser und 2 Teelöffel Kräutersalz dazugeben. Mit einer Gabel von innen nach außen alles langsam verrühren. Dann den Teig kräftig mit dem Handballen so lange kneten, bis er geschmeidig wird und nicht mehr klebt. Eine Kugel formen, mit Öl bestreichen, damit die Oberfläche nicht trocken wird und eine angewärmte Schüssel darüberstülpen. Den Teig 1 Stunde ruhen lassen. Dann nach dem Grundrezept für Nudeln (Seite 6) weiterverarbeiten.

Es ist keine Kunst, den Teig für Nudeln selbst zuzubereiten, wenn man sich dabei an einige Grundregeln hält, Rezept Seite 6. ▷

Wie man Nudeln richtig kocht

Ich habe eine sehr alte neapolitanische Frau kennengelernt, die schon für drei Generationen fast jeden Tag Teigwaren in irgend einer Form zubereitet hat. Von ihr wollte ich wissen, worauf man achten muß, wenn man Nudeln nach allen Regeln der Kunst kochen will. Da sie mir als Ausländerin wenig Kochverstand zutraute, belehrte sie mich sehr gründlich. Kein Nudelgericht gelingt, wenn die Teigwaren nicht richtig gekocht sind, darum gebe ich ihre Ratschläge gerne an Sie weiter. Wenn Sie sich genau daran halten, kann schon bei Ihrem ersten Versuch, ein Rezept aus diesem Buch nachzukochen, nichts mehr schiefgehen. In einem großen Topf werden für 500 g Teigwaren 5 l Wasser, 60 g Salz (das entspricht etwa 3 gestrichenen Eßlöffeln) und 1 Teelöffel Öl erhitzt. Sobald es sprudelnd kocht, schüttet man die Nudeln auf einmal hinein, rührt mit einer Gabel kräftig durch und deckt den Topf so lange wieder zu, bis das Wasser überzukochen droht. Jetzt kann man den Deckel abnehmen und die Hitze etwas verringern, der Kochvorgang darf jedoch keinen Augenblick unterbrochen werden. Ab und zu muß man die Nudeln umrühren, daß sie nicht am Topfboden festkleben. Wichtig ist, in Abständen eine Nudel zu probieren, um zu verhindern, daß die Teigwaren zu weich werden. Sie müssen unbedingt »al dente« abgegossen werden. (»Il dente« heißt im Italienischen der Zahn, und dieser möchte Ihre Nudeln noch beißen können, das heißt, sie dürfen nicht nach deutschem Geschmack gar sein.) Gerade in diesem Punkt ist meine Ratgeberin besonders streng. Sie verlangt, daß das Sieb rechtzeitig bereitgestellt wird, so daß die Nudeln, sobald sie vom Herd kommen, sofort abgegossen, mit der Sauce vermischt und serviert werden können.

Lange Spaghetti werden am besten nach und nach in kochendes Wasser »geschoben«.

Die Teigwaren haben natürlich verschiedene Kochzeiten. Für Spaghetti rechnet man je nach Dicke 5–10 Minuten, kurze Teigwaren mittlerer Größe benötigen 10–15 Minuten, Rigatoni oder große Muscheln brauchen bis zu 20 Minuten. Verlassen Sie sich nicht auf die von den Herstellern angegebenen Kochzeiten, sondern probieren Sie selbst. Haben die Nudeln noch einen harten Kern, ist es zu früh, lassen sie sich aber gerade gut beißen, müssen sie sofort vom Herd.

Nudeln werden für gewöhnlich nicht kalt abgebraust. Meine Lehrmeisterin meinte dazu: »Gute Teigwaren kleben ohnehin nicht und werden dadurch nur kalt und eine schlechte Qualität läßt sich durch diese Prozedur auch nicht verbessern.« Sie verlangt auch, daß nicht nur die Servierschüssel, sondern auch die Teller vorgewärmt werden sollen. Teigwaren, die man für Salate und Aufläufe verwenden will, müssen natürlich mit kaltem Wasser abgeschreckt werden. Beachten Sie auch die Zeichnung im Kapitel »Nudelsalate«.

◁ Knoblauch, Petersilie, Olivenöl und Peperoncino – mehr braucht man nicht, um die Sauce für dieses raffinierte Nudelgericht herzustellen, Rezept Seite 29.

Wie man Spaghetti richtig ißt

Kleine Lausbuben jenseits des Brenners machen sich einen Sonntagsspaß daraus, durch die Lücken von Sichtblenden in die Wirtshausgärten zu spähen, um den Fremden beim Spaghetti-Essen zuzuschauen. Andererseits kann einen Ausländer der blanke Neid pakken, wenn er sieht, in welch atemberaubender Geschwindigkeit ein Italiener mit einem Riesenberg »pasta asciutta« fertig wird. Die Kunst, Spaghetti richtig zu essen, will eben gelernt sein.

Spaghetti müssen nämlich gewickelt werden. Es gibt kaum eine größere Sünde, als sie mit dem Messer zu zerschneiden. Der Italiener ißt seine Spaghetti nur mit der Gabel. Er nimmt dabei mit den Zinken zwei bis drei Nudeln auf, zieht sie aus dem verschlungenen Durcheinander nach oben und wickelt sie dann am Rand des Tellers durch Drehen der Gabel auf. Es ist wichtig, nicht zu viele Nudeln auf einmal zu nehmen, und die Gabel beim Wickeln mehr oder weniger senkrecht zu halten. Es gilt aber auch nicht als Faux Pas, wenn in der Eile des Gefechtes die eine oder andere Nudel, weil nicht ganz korrekt aufgewickelt, noch herunterhängt und unter dezentem Schlürfen zwischen den Lippen verschwindet.

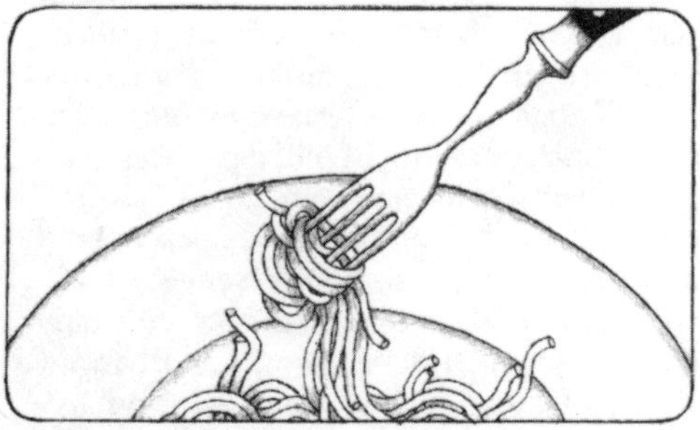

Mit einer Gabel werden 2 bis 3 Spaghetti aufgenommen und am Tellerrand aufgewickelt.

Küchengeräte

Wenn Sie die Rezepte dieses Buches nachkochen wollen, brauchen Sie nicht viel mehr, als in einem Durchschnittshaushalt ohnehin vorhanden ist: 1 Backbrett, 1 Rollholz, 1 Teigrädchen, 1 großes Küchenbrett, scharfe Messer, 1 Wiegemesser, 1 Knoblauchpresse, 1–2 Bratpfannen, Kasserollen verschiedener Größe mit Deckeln, 1 Gratinform und 1 großes Salatsieb, mit dem Sie auch Nudeln abseihen können. Vielleicht fehlt Ihnen ein großer Topf, um Teigwaren und Spätzle nach Vorschrift kochen zu können. Dieser sollte für 4 Personen mindestens 5 Liter fassen. Für die chinesische Küche benütze ich einen gußeisernen Topf, der mir auch sonst gute Dienste leistet. Wenn Sie Spätzle kochen wollen und nicht aus Schwaben gebürtig sind, empfiehlt es sich, ein Spätzlesieb oder einen

Spätzlehobel und Spätzlesieb: nützliche Küchengeräte für Spätzleköche.

Spätzlehobel anzuschaffen, die für wenig Geld in jedem Haushaltswarengeschäft zu haben sind. Da Pfeffer frisch gemahlen und Käse frisch gerieben besser schmecken, dürfen eine Pfeffermühle und eine Käsereibe nicht fehlen.

Wenn Sie erst einmal versucht haben, Nudeln selbst zu machen, werden Sie wahrscheinlich in Zukunft Bandnudeln, Lasagne, Cannelloni und Ravioli aus hausgemachtem Teig vorziehen. In diesem Falle würde ich Ihnen zum Kauf einer Nudelmaschine raten. Sie erleichtert die Arbeit und hilft Ihnen, Zeit zu sparen. Es gibt verschiedene Modelle auf dem Markt. Ich verwende seit Jahren eine einfache handbetriebene Maschine, die mir italienische Freunde besonders empfohlen hatten. Aus Italien kommt auch eine elektrische Nudelmaschine. Meiner Meinung nach lohnt sich die Anschaffung dieses weitgehend vollautomatischen Geräts nur für eine neapolitanische Großfamilie mit mindestens zehn Kindern.

Zubereitungszeit

Ich habe die Zubereitungszeit für die Rezepte in diesem Buch ziemlich großzügig bemessen. Ein neues Gericht auszuprobieren ist doch ein kreativer Vorgang. Man sollte deshalb in Ruhe an die Arbeit gehen, denn nur so kann man die Freude am Erfolgserlebnis richtig auskosten. Kochen sollte, besonders für berufstätige Menschen, nie in Streß ausarten. Man kann zwar, wenn man sich genau an die Vorschrift eines Autors für »Schnellküche« hält, in einer halben Stunde ein komplettes Menü zubereiten. Dazu braucht man aber äußerste Konzentration, um verschiedene Arbeitsgänge nebeneinander zu bewältigen. Am Ende ist man aber meist so erschöpft, daß man weder Kraft noch Lust hat, die Früchte seiner Arbeit zu genießen.

Kalorien

Es wird oft behauptet, Nudeln bestünden nur aus Kohlehydraten und gehörten darum zu den besonders gefährlichen »Dickmachern«. Ernährungswissenschaftler weisen darauf hin, daß eine Diät, die auf Kohlehydrate verzichtet, zu einseitig ist und damit gesundheitsschädlich werden kann. Sie empfehlen daher den Genuß von Teigwaren, da diese leicht verdaulich sind und vom Körper vollständig ausgenutzt werden. 100 g Nudeln enthalten rund 70 g Kohlehydrate. Sie werden rasch in Energie umgesetzt, was besonders für die Ernährung von Kindern, Sportlern, Rekonvaleszenten und älteren Menschen wichtig ist. Der hohe Proteingehalt (13–15 g) führt dazu, daß man Nudeln schon mit wenig Fleisch oder Käse zu einer vollwertigen Eiweißkost ergänzen kann. Da sie nur wenig Fett (2,9–3,2 g) enthalten, eignen sie sich für kochsalz- und natriumarme Diät. Ein relativ hoher Anteil an wichtigen Vitaminen und Spurenelementen machen sie auch in dieser Hinsicht zu einem hochwertigen Nahrungsmittel. 100 g Eierteigwaren haben nur 1658 Joule oder 390 Kalorien. Da ich der Ansicht bin, daß Menschen, die sich vernünftig ernähren, guten Gewissens zulangen sollen, wenn es einmal besonders schmeckt, habe ich auch in diesem Küchenratgeber darauf verzichtet, die Rezepte mit Kalorienangaben zu versehen. Ein Blick auf die Tabelle wird Ihnen zeigen, daß Nudelgerichte nicht so kalorienträchtig sind, wie allgemein angenommen.

	Joule	Kalorien
Spaghetti mit Öl und Knoblauch	2177	520
Nudeln mit Tomaten und Käse	2394	572
Nudeln mit Spargel	2231	533
Nudeln mit Nierenragout	2528	604
Schinkenfleckerl	2595	620
Kaiserschmarren	3558	850
Huhntopf mit Reis	2890	690
Kartoffelgulasch	3495	835
Pichelsteinertopf	3558	850
Linsen mit Wurst	3330	795
Sauerkrautauflauf	3810	910

Warenkunde

In Italien verwendet man Nudeln aus Hartweizengrieß besonders im Süden, Eierteigwaren im Norden. Diese decken auch bei uns den größten Teil des Bedarfs. Sie müssen nach dem hiesigen Lebensmittelgesetz einen Mindestgehalt von $2^1/_2$ Eiern pro Kilogramm Weizenrohstoff haben. Da Nudelgerichte nur mit Teigwaren von guter Qualität gelingen, sollte man sich an Markenartikel halten. Sie sind kochfest, quellen gut auf, kleben aber trotzdem nicht, während Nudeln von schlechter Qualität leicht zerkochen. Sie geben dabei so viel Stärke an das Kochwasser ab, daß es trüb und schleimig wird.

Teigwaren werden in verschiedensten Formen angeboten. Italien hat wohl die größte Auswahl. Es soll dort etwa 200 verschiedene Nudelarten geben. Viele davon kann man auch in Deutschland kaufen. Die Industrie bemüht sich zunehmend, durch die Herstellung bisher nicht erhältlicher Formen der steigenden Nachfrage zu entsprechen.

Man unterscheidet zunächst zwischen langen und kurzen Nudeln. Zu den beliebtesten der ersten Gruppe gehören die Spaghetti, von denen die mit dem kleinsten Durchmesser Capellini oder Vermicellini heißen. Sind sie etwas dicker, nennt man sie Vermicelli oder Spaghettini 3. Spaghetti 5 entsprechen ungefähr dem Format, das auch deutsche Firmen herstellen. Extra lange Spaghetti werden in Italien fast nur mehr für den Export produziert. Lange Nudeln gibt es auch mit rechtekkigem Querschnitt. Ganz schmale heißen Taglerini, etwas breitere Linguine oder Trenette. Tagliatelle und Fettucelle entsprechen etwa schmalen und breiten deutschen Bandnudeln. Hohlnudeln gibt es wie Spaghetti mit verschiedenem Durchmesser. Die Skala beginnt mit den Bucatini, reicht über Maccaroncelli, Mezzanelli bis zu Zitoni. Kurze Teigwaren können dick oder dünn, gerade oder schräg geschnitten und schließlich glatt oder geriffelt sein. Die gebräuchlichsten sind Penne (Federn) und Ditali (Fingerhüte) verschiedenster Größe, Rigatoni (geriffelte Hörnchen) und Conchiglie (Muscheln), daneben Farfalle (Schmetterlinge), Route (Räder) und Gnocchi (Nockerl). Auch kleine Teigwaren, die als Suppeneinlage dienen, gibt es in verschiedenen Formen. Viele davon, wie Fadennudeln, Sternchen und Buchstaben, werden von den deutschen Firmen produziert. Neben deutschen und italienischen Teigwaren bietet der Markt natürlich auch Nudeln für die fernöstliche Küche an, die aus Weizen-, Reis- oder Erbsmehl hergestellt werden.

Nudeln mit Sommergemüse

Ein leichtes Gericht für heiße Tage, das nicht nur gut schmeckt, sondern auch sehr einladend aussieht.

50 g durchwachsener Speck · 1 Zwiebel · 1 Stange Bleichsellerie · 1 Bund Petersilie · 3 reife Tomaten · 2 mittelgroße Zucchini · 3 kleine Möhren (Karotten) · 100 g Champignons · 75 g Butter · 100 g frische oder tiefgefrorene Erbsen (keine Dosenerbsen) · Salz · Pfeffer · 1 Tasse Fleisch- oder Knochenbrühe · 400 g kurze Nudeln (Hörnchen, Penne) · 3 Eßl. geriebener Parmesankäse

- Zubereitungszeit: 45 Minuten

So wird's gemacht: Den Speck in feine Streifen schneiden. • Die Zwiebel schälen, den Sellerie putzen und mit der Petersilie zusammen feinhacken. • Die Tomaten kurz in kochendes Wasser tauchen, schälen, achteln, dabei die Kerne und die grünen Stengelansätze entfernen. Die Zucchini an beiden Enden abschneiden, waschen, trocknen und ungeschält in kleine Würfel schneiden. Die Möhren schaben, in Scheibchen schneiden. Die Champignons putzen, abbrausen, trockentupfen und ebenfalls in Scheibchen schneiden. • In einer Kasserolle die Hälfte der Butter erwärmen, die Speckstreifen und das gehackte Gemüse 10 Minuten unter Rühren bei mittlerer Hitze braten. Dann die Erbsen, die Tomaten, die Zucchiniwürfel, die Möhren und nach 10 Minuten die Pilze dazugeben. Mit Salz und Pfeffer würzen und bei milder Hitze zugedeckt langsam gardünsten. Bei Bedarf etwas Brühe angießen. • Inzwischen die Nudeln »al dente« kochen und abgießen. • In einer vorgewärmten Schüssel mit der restlichen Butter und dem geriebenen Parmesankäse verrühren. Das Gemüse untermischen, sofort servieren.

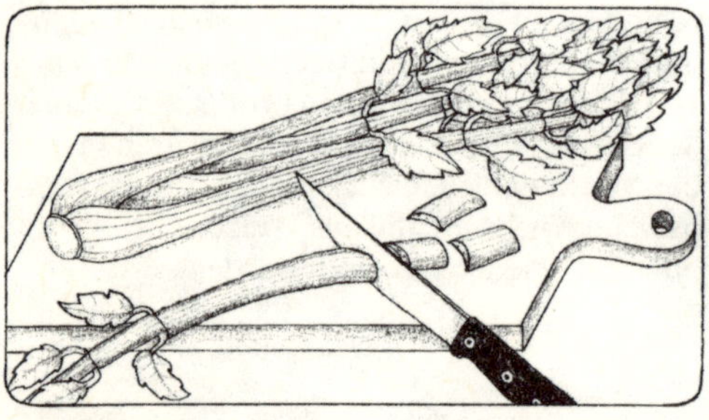

Die langen fleischigen Stiele sind die Hauptsache am Bleichsellerie.

Mein Tip Da frische Erbsen, Möhren, Zucchini ihre Saison haben, empfiehlt es sich, mehr zuzubereiten und portionsweise einzufrieren. Reste des Gerichtes lassen sich, in kochender Fleischbrühe kurz aufgewärmt, als wohlschmeckende Suppe verwerten.

Nudeln mit Speck und Zwiebeln

Ein einfaches Gericht, das man nur zubereiten sollte, wenn es schöne weiße Gemüsezwiebeln zu kaufen gibt. Der Speck sollte gut gewürzt und langsam geräuchert sein.

1 Pfund Gemüsezwiebeln · 1 Scheibe durchwachsener Speck (ca. 150 g) · 1 Zweig frischer Rosmarin · knapp 1 Teel. getrockneter Oregano · 2 Eßl. Olivenöl · Salz · 400 g Nudeln (Makkaroni, Penne, Bucatini) · 1 Eßl. Butter · 3 Eßl. geriebener Parmesan · Pfeffer

- Zubereitungszeit: 45 Minuten

So wird's gemacht: Die Zwiebeln schälen, in dünne Ringe schneiden. Den Speck in ganz kleine Würfel schneiden. Die frischen Rosmarinblättchen feinwiegen oder mit dem Oregano im Mörser zerstoßen. • In einer Kasserolle das Öl heiß werden lassen. Die Speckwürfelchen kurz anbraten, dann die Zwiebelringe, den Rosmarin und den Oregano dazugeben, salzen und zugedeckt bei ganz milder Hitze so lange schmoren lassen, bis die Zwiebeln weich und nur ganz leicht gelb geworden sind. • Inzwischen die Nudeln »al dente« kochen, abgießen und in einer vorgewärmten Schüssel mit der Butter, dem geriebenen Parmesan, den Zwiebeln und reichlich frisch gemahlenem Pfeffer gut mischen. Sofort servieren.

Nudeln mit Eiern und Petersilie

400 g Spaghetti oder Linguine · 1 großer Bund Petersilie · 6 Eier · Salz · frisch gemahlener Pfeffer · 2 Eßl. geriebener Pecorino (Schafkäse) · 2 Eßl. Schweineschmalz (am besten Griebenfett) · 1 Eßl. Butter

- Zubereitungszeit: 20 Minuten

So wird's gemacht: Die Nudeln »al dente« kochen. • Inzwischen die Petersilie waschen und feinschneiden. Mit den Eiern, dem Salz, reichlich Pfeffer und dem Käse in einer Schüssel gut verschlagen. • Das Griebenfett mit der Butter in einer feuerfesten Servierschüssel erhitzen. Bei ganz milder Hitze warm halten. • Die Nudeln abgießen, dabei 1/2 Tasse Kochwasser auffangen und dies mit den Nudeln in das Fett geben. Gut mischen. Die Eierkäsemasse darübergießen und so lange rühren, bis die Eier gerade zu stocken beginnen. Sofort servieren. Pfeffermühle bereitstellen.

Spaghetti mit Thunfisch

Das Rezept findet man in italienischen Kochbüchern unter »Spaghetti di magro«.

5 Sardellenfilets · 1 Dose Thunfisch in Öl (200 g netto) · 1 Bund Petersilie · je 1 Teel. frische Basilikum- und Salbeiblätter · 3 Eßl. Olivenöl · 1 Tasse trockener Weißwein · Pfeffer · Salz · 400 g Spaghetti · 1/2 Zitrone · 1 Eßl. Butter

- Zubereitungszeit: 45 Minuten

So wird's gemacht: Die Sardellen und den Thunfisch feinwiegen. Die Petersilie, die Basilikum- und die Salbeiblätter waschen und zusammen feinhacken. • In einer Kasserolle das Öl aus der Thunfischkonserve mit dem Olivenöl leicht erhitzen. Die Sardellen, den Thunfisch und die Kräuter bei ganz milder Hitze 5 Minuten anbraten. Den Wein angießen und alles mit reichlich frisch gemahlenem

Pfeffer und etwas Salz würzen. Zugedeckt dünsten lassen. • Inzwischen die Nudeln »al dente« kochen. • Die Zitrone auspressen und den Saft an die Sauce geben. • Die Nudeln abgießen, in einer vorgewärmten Schüssel mit der Butter und der Thunfischsauce gut verrühren. Ohne Käsezugabe servieren. Pfeffermühle bereitstellen.

Nudeln mit Sardellen

Ein einfaches Gericht, das jedoch köstlich schmeckt und aus der Gegend von Neapel stammt.

400 g Nudeln (Spaghetti oder Linguine) · 2 Knoblauchzehen · 1 Bund Petersilie · 12–15 Sardellenfilets · 1 Eßl. Öl · frisch gemahlener Pfeffer

- Zubereitungszeit: 20 Minuten

So wird's gemacht: Die Nudeln »al dente« kochen. • Inzwischen die Knoblauchzehen schälen, feinhacken. Die Petersilie waschen, feinschneiden. Die Sardellen mit einer Gabel zerdrücken. • Das Öl in einem Pfännchen heiß werden lassen, den Knoblauch kurz anbraten, er darf dabei keine Farbe bekommen. Die Petersilie und die Sardellen dazugeben, bei milder Hitze 2–3 Minuten ziehen lassen, dann das Pfännchen vom Herd nehmen, alles mit frisch gemahlenem Pfeffer nach Geschmack würzen. • Die Nudeln abgießen, 1/2 Tasse vom Kochwasser auffangen und die Sardellensauce damit verdünnen. • Die Nudeln in eine feuerfeste Servierschüssel geben, die Sauce dazugießen, unter ständigem Rühren kurz bei minimaler Hitze ziehen lassen, sofort servieren.

Mein Tip Die Sardellen dürfen nur ganz kurz bei milder Hitze ziehen, sonst verändern sie ihren natürlichen Geschmack, der den Zauber dieses schlichten Gerichtes ausmacht. Meine italienischen Freundinnen kaufen im Herbst frische, in Salz eingelegte Sardellen, die sie vor Gebrauch entgräten und wässern. Diese sind wesentlich billiger und schmecken frischer. Man bekommt sie bei uns auch in Spezialgeschäften.

Spaghetti mit Kapern und Tomaten

Dieses Gericht ist sehr gut geeignet, nach einem feuchtfröhlichen Abend den verstimmten Magen wieder zu versöhnen.

2–3 Knoblauchzehen · 4 frische, reife »Sugo«-Tomaten · 6 Sardellenfilets · 1 Eßl. Kapern · 4 Eßl. Olivenöl · 1 kleiner Peperoncino (scharfe Paprikaschote) · 400 g feine Spaghetti (Vermicelli)

- Zubereitungszeit: 20 Minuten

So wird's gemacht: Die Knoblauchzehen schälen. • Die Tomaten kurz in kochendes Wasser geben, schälen, filetieren, dabei den Saft, die Kerne und die grünen Stengelansätze entfernen. • Die Sardellen und die Kapern feinhacken. • In einem Pfännchen das Öl leicht erhitzen, dann die Knoblauchzehen so lange braten, bis sie leicht braun werden. Herausnehmen. • Den Peperoncino, die Sardellen und die Kapern in die Pfanne geben und so lange rühren, bis sich die Sardellen auflösen. Den Peperoncino ebenfalls entfernen. • Die Tomatenfilets dazugeben und zugedeckt alles etwa 15 Minuten leicht dünsten lassen. • Inzwischen die Nudeln »al dente« kochen. Abgießen und mit der Sardellen-Tomaten-Sauce – ohne Zugabe von Käse – servieren.

Mein Tip Sie können statt der frischen Tomaten auch einen Teelöffel Tomatenmark verwenden, den Sie in 1/2 Tasse Wasser auflösen.

»Heu und Stroh« mit Sahne und Schinken

»Paglia e fieno« heißt Heu und Stroh und bedeutet, daß zu diesem Gericht gelbe und grüne Eierbandnudeln verwendet werden. Man kann sie auch selbst machen (Spinatzugabe zum Teig wie bei den grünen Nudeln), bekommt sie jedoch auch fertig in vielen einschlägigen Geschäften in guter Qualität angeboten.

150 g magerer gekochter Schinken · 400 g »Paglia e fieno« (oder schmale Eierbandnudeln) · 80 g Butter · 200 g Sahne (Süßrahm) · 100 g geriebener Parmesankäse · Salz · Pfeffer · Muskatnuß

• Zubereitungszeit: 30 Minuten

So wird's gemacht: Den Schinken in ganz kleine Würfel schneiden. • Die Nudeln »al dente« kochen. • In einer weiten Pfanne, die man auch zu Tisch bringen kann, bei ganz milder Hitze die Butter schmelzen lassen, die Sahne darin leicht erwärmen und den Parmesan gleichmäßig unterrühren. Mit Salz, Pfeffer und frisch geriebener Muskatnuß kurz würzen. • Die Nudeln abgießen, mit dem Schinken zur Sahnesauce geben. Sorgfältig mischen und sofort servieren.

Mein Tip Dieses Gericht ist besonders für Familien geeignet, die ihre Ferien auf italienischen Campingplätzen verbringen. Es ist schnell zubereitet und die Zutaten sind überall zu haben, denn »Paglia e fieno« wird auch von Italienern gerne gegessen.

Spaghetti mit Huhn

2 Hühnerschenkel · 1 große Zwiebel · 2 Knoblauchzehen · 1 Bund Petersilie · 1 Dose Tomaten (500 g) · je 1 Teel. frische Basilikum- und Rosmarinblättchen · 1 Zweiglein frischer oder 1 Messersp. getrockneter Thymian · 3 Eßl. Butter · Salz · Pfeffer · 1 Tasse trockener Weißwein · 400 g Spaghetti · 3 Eßl. geriebener Parmesankäse

• Zubereitungszeit: je nach Fleischqualität 45 Minuten bis 1 Stunde

So wird's gemacht: Die Hühnerschenkel kurz mit Wasser abbrausen, gut abtrocknen. Das

Fleisch vom Knochen lösen und in sehr kleine Stücke schneiden, die Haut mitverwenden. • Die Zwiebel und die Knoblauchzehen schälen. Die Zwiebel in dünne Scheiben schneiden, den Knoblauch mit der Petersilie feinhacken. • Die Tomaten abtropfen lassen, (den Saft aber aufbewahren), mit einer Gabel zerdrücken. Basilikum, Rosmarin und Thymian zusammen feinwiegen. • In einer Kasserolle 2 Eßlöffel Butter erhitzen. Die Zwiebel, den Knoblauch, die Petersilie und das Fleisch dazugeben und 10 Minuten bei guter Hitze braten. Mit den Kräutern, dem Salz und dem Pfeffer würzen. Den Wein dazugeben, bei mittlerer Hitze verdampfen lassen, dabei fleißig umrühren. Die Tomaten dazugeben und zugedeckt bei sehr milder Hitze etwa 20 Minuten schmoren lassen. Bei Bedarf etwas Tomatensaft angießen. • In der Zwischenzeit die Spaghetti »al dente« kochen und abgießen. In einer vorgewärmten Schüssel zuerst mit dem Käse und der restlichen Butter, dann mit dem Hühnerragout mischen und sofort servieren.

Nudeln mit Kalbfleisch

1 große Zwiebel · 1 Stange Bleichsellerie · 2 kleine Möhren (Karotten) · 1 Bund Petersilie · 2 daumendicke, gleichmäßig geschnittene Scheiben Kalbfleisch aus der Schulter (300–350 g) · 1 Eßl. Olivenöl · 2 Eßl. Butter · 1/2 Tasse trockener Weißwein · 1/2 Teel. Tomatenmark · 1/2 Tasse Brühe · Salz · frisch gemahlener Pfeffer · 1 Lorbeerblatt · 400 g Teigwaren · 2 Eßl. geriebener Parmesankäse

• Zubereitungszeit: je nach Fleischqualität 45 Minuten bis 1 Stunde

So wird's gemacht: Die Zwiebel schälen, den Sellerie putzen, die Möhren schaben. Die Petersilie waschen und mit dem Gemüse zusammen sehr fein hacken. • Das Fleisch kurz waschen, trockentupfen, zuerst in Streifen und diese dann in kleine Würfel schneiden. • In einer Kasserolle das Öl und 1 Eßlöffel Butter heiß werden lassen, das Kleingehackte bei milder Hitze anbraten, die Fleischwürfel dazugeben und so lange rühren, bis sie die Farbe verloren haben, dann den Wein angießen. • Das Tomatenmark in der Brühe auflösen und, sobald der Wein verdampft ist, in die Kasserolle geben, mit Salz, Pfeffer und dem Lorbeerblatt würzen. Zugedeckt bei milder Hitze schmoren lassen. • Inzwischen die Nudeln »al dente« kochen und abgießen. In einer vorgewärmten Schüssel mit dem Käse und der restlichen Butter verrühren. Das Lorbeerblatt aus der Kasserolle entfernen. Das Fleisch mit der Sauce zu den Nudeln geben, mischen und sofort servieren.

Mein Tip Sie können auch dieses Gericht in ein komplettes Menü verwandeln, wenn Sie die Zutaten für das Ragout verdoppeln, zuerst nur die Nudeln mit Käse und Sauce verrührt zu Tisch bringen, das Fleisch mit Gemüsebeilage dann als zweiten Gang anbieten. Wenn Sie genügend Zeit zur Vorbereitung haben, können Sie in diesem Falle auch Ragoutfleisch verwenden, größere Würfel schneiden und diese entsprechend länger schmoren lassen.

Makkaroni mit Lauch und Spinat

Wenn Spinat und Lauch frisch auf dem Markt sind, sollte man dieses Rezept ausprobieren.

500 g Spinat · 500 g Lauch · 1 große Zwiebel · 100 g Butter · Salz · Pfeffer · 400 g Makkaroni · je 2 Eßl. geriebener Pecorino (Schafkäse) und Parmesankäse

- Zubereitungszeit: 1 Stunde

So wird's gemacht: Den Spinat verlesen, braune Stellen und dicke Stiele entfernen und in fingerbreite Streifen schneiden. Gründlich unter fließendem kalten Wasser waschen und gut abtropfen lassen. Die Lauchstangen halbieren, gut waschen und in etwa 1 cm breite Streifen schneiden, dabei die dunklen, harten Blattspitzen und die Wurzelenden entfernen. Die Zwiebel schälen und feinhacken. • In einer Kasserolle die Butter erhitzen. Die Zwiebel darin leicht anbraten, dann den Lauch dazugeben und zugedeckt 10 Minuten bei milder Hitze schmoren lassen. Den Spinat

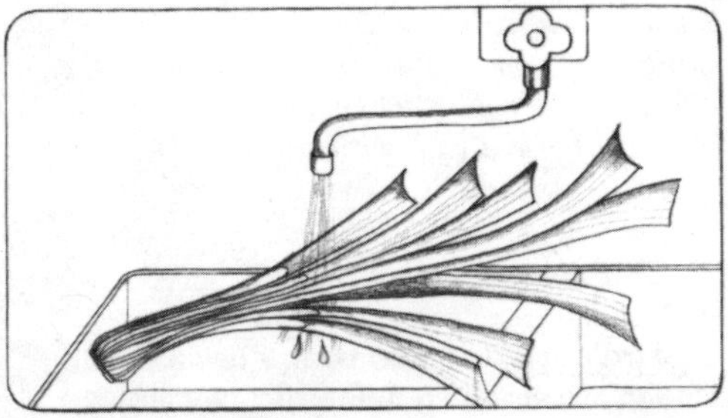

Am gründlichsten waschen läßt sich Lauch, indem man die Blätter auseinanderdrückt.

untermischen. Mit Salz und Pfeffer würzen. Zugedeckt langsam in etwa 15 Minuten garen. • Inzwischen die Nudeln »al dente« kochen, abgießen, dabei 1 Tasse Kochwasser auffangen. • In einer vorgewärmten Schüssel mit dem Gemüse, dem Käse und 2–3 Eßlöffel Kochwasser gut verrühren, bis das ganze Gericht leicht grün gefärbt ist. Zugedeckt 2–3 Minuten ziehen lassen. Servieren. Pfeffermühle bereitstellen.

Nudeln mit Spargel und Tomaten

Zu diesem Gericht wird der grüne Spargel verwendet. Er hat nicht nur ein kräftigeres Aroma als sein weißer Verwandter, er kostet weniger und braucht auch nicht geschält zu werden.

1 kg grüner Spargel · 1 kleine Dose Tomaten (500 g) · 4–5 Eßl. Olivenöl · Salz · Pfeffer · 400 g Nudeln (Penne) · eventuell geriebener Parmesankäse

- Zubereitungszeit: 1 Stunde

So wird's gemacht: Von den Spargelstangen nur die grünen Spitzen abschneiden. (Weiße Teile kann man zu Brühe auskochen, um eventuell Fertigsuppen zu verfeinern.) Den Spargel unter fließendem kalten Wasser waschen, gut abtropfen lassen und in 3 cm lange Stücke teilen. (Dicke Stangen werden kürzer geschnitten, weil sie eine längere Garzeit haben.) • Die Tomaten leicht abtropfen lassen und mit einer Gabel grob zerkleinern. • In einer Kasserolle das Öl nicht zu stark erhitzen.

Die Spargelspitzen leicht anbraten, dann die Tomaten dazugeben. Mit Salz und Pfeffer würzen und zugedeckt bei milder Hitze kochen lassen, bis der Spargel weich ist. • Inzwischen die Nudeln »al dente« kochen, abgießen und in einer vorgewärmten Schüssel mit dem Gemüse gut vermischen. Zugedeckt 2–3 Minuten ziehen lassen und servieren. Kenner verwenden keinen Käse zu dieser Spezialität. Er wird deshalb extra gereicht.

Mein Tip Ich verwende zu diesem Gericht am liebsten »Penne«, weil sie gleich lang und dick wie die Spargelspitzen sind und sich gut mit dem Gemüse mischen lassen. Es sind aber auch andere »kurze« Nudeln (Hörnchen, Ditali, Bucatini) dafür geeignet.

Grüne Nudeln mit Tomaten und Pilzen

Bild Titelseite

1 große Zwiebel · 1 Bund Petersilie · 1 Dose Tomaten (500 g) · 60 g Butter · Salz · Pfeffer · 300 g frische Pilze · 2 Knoblauchzehen · 400 g grüne Bandnudeln · 1/2 Tasse trockener Weißwein · 4 Eßl. geriebener Parmesankäse

- Zubereitungszeit: 1 Stunde

So wird's gemacht: Die Zwiebel schälen und in feine Ringe schneiden. Die Petersilie waschen, feinwiegen. Die Tomaten abtropfen lassen. • In einer Kasserolle die Hälfte der Butter erhitzen, die Zwiebel und die Petersilie kurz anbraten, die Tomaten dazugeben und mit einer Gabel zerdrücken, mit Salz und Pfeffer würzen und bei mittlerer Hitze eindikken lassen. Wenn nötig, etwas Tomatensaft dazugeben. • Inzwischen die Pilze putzen, waschen, abtrocknen und grob zerkleinern. Die Knoblauchzehen schälen und auspressen. • Die grünen Nudeln »al dente« kochen. • In einer kleine Pfanne bei starker Hitze in der restlichen Butter die Pilze mit dem Knoblauch braten, bis die Flüssigkeit verdampft ist, dann den Wein angießen und unter Rühren ebenfalls verdampfen lassen. Die Pilze in die Tomatensauce geben, bei Bedarf nachwürzen. • Die Nudeln abgießen und abgetropft auf vorgewärmte Portionsteller verteilen. Die Sauce darübergeben und mit Käse bestreut servieren.

Nudeln mit Zucchinigemüse

5–6 kleine Zucchini · 3 Knoblauchzehen · 1 Bund Petersilie · 4–5 Eßl. Olivenöl · Oregano · Salz · Pfeffer · 1/2 Tasse Brühe · 400 g Nudeln (Hörnchen, Penne oder Rigatoni) · je 2 Eßl. geriebener Parmesankäse und Pecorino (Schafkäse)

- Zubereitungszeit: 1 Stunde

So wird's gemacht: Von den Zucchini beide Enden abschneiden. Die Früchte waschen, abtrocknen. In vier Teile schneiden (quer), dann jedes Stück der Länge nach in vier gleich dicke Stifte schneiden. • Die Knoblauchzehen schälen. Die Petersilie waschen, trockentupfen und zusammen mit dem Knoblauch feinhacken. • In einer Pfanne das Öl gut heiß werden lassen. Die Zucchini kurz von allen Seiten darin anbraten und den Knoblauch und die Petersilie dazugeben, kurz mitbraten lassen. Dann die Hitze stark reduzieren und mit Oregano, Salz und frisch gemahlenem Pfeffer kräftig würzen. Zugedeckt bei milder Hitze gar werden lassen. Bei Bedarf etwas Brühe angießen. • Inzwischen die Nudeln »al dente« kochen. Abgießen und in einer vorgewärmten Schüssel mit dem Zucchinigemüse und dem geriebenen Käse gut mischen. Sofort servieren.

Mein Tip Kaufen Sie für dieses Rezept kleine feste Zucchini, die eine glänzende Haut und keine dunklen Flecken haben. Zerkochte Zucchini machen das Gericht unansehnlich. Sollten Sie zu den Knoblauchgegnern gehören, lassen Sie diesen und den Oregano weg und würzen Sie das Gemüse kurz vor dem Servieren mit 2 Eßlöffeln feingehacktem Basilikum.

Appenzeller Nudeln mit Kartoffeln

Nudeln und Kartoffeln, eine ungewohnte Kombination, der man aber immer wieder in der bäuerlichen Küche besonders der Alpenländer begegnet.

4 Kartoffeln (500 g) · 300 g Hörnchen · 2 Zwiebeln · 2 Eßl. Butter · 200 g Appenzellerkäse (ersatzweise viertel- oder halbfetter Käse)

- Zubereitungszeit: 1 Stunde

So wird's gemacht: Die Kartoffeln schälen und in kleine Würfel schneiden, in Salzwasser kochen. • In einem zweiten Topf die Hörnchen »al dente« kochen. • Inzwischen die Zwiebeln schälen, in Ringe schneiden und in der Butter goldbraun braten. • Den Käse grob reiben. • Die Kartoffeln und die Nudeln abgießen und gut abtropfen lassen. Lagenweise mit dem geriebenen Käse in eine vorgewärmte Schüssel schichten. Die oberste Lage mit dem restlichen Käse und den gebratenen Zwiebeln bestreuen. Zugedeckt im vorgewärmten Backofen bei 100° C etwa 10 Minuten stehen lassen, bis der Käse schmilzt.

Bandnudeln mit Erbsen und Schinken

Wir haben dieses Gericht in einem Lokal an der Autobahnausfahrt nach Mantua gegessen. Es war bereits 15 Uhr. Der alte Kellner erklärte, er hätte jetzt Ruhestunde und die Küche wäre eigentlich schon zu. Trotzdem wurden wir königlich bewirtet.

1 große Zwiebel · 5–6 Salatblätter · 150 g fetter, gekochter Schinken · 3 Eßl. Butter · 300 g (netto) Erbsen, frisch oder tiefgefroren · Salz · Pfeffer · 100 g Sahne (Süßrahm) · 400 g Bandnudeln · 4 Eßl. geriebener Parmesankäse

- Zubereitungszeit: 1 Stunde 15 Minuten

So wird's gemacht: Die Zwiebel schälen und in dünne Ringe schneiden. • Die Salatblätter waschen, trockenschleudern und in Streifchen schneiden. • Das Schinkenfett abschneiden und ganz fein wiegen, den Schinken selbst in Würfelchen schneiden. • In eine Kasserolle 1 Eßlöffel Butter geben, das Schinkenfett so lange bei milder Hitze braten, bis es sich aufgelöst hat. Dann die Zwiebel zugeben und 5 Minuten mitbraten. Die Erbsen zufügen und alles mit Salz und Pfeffer würzen. Nach und nach etwas Sahne angießen. Bei ganz milder Hitze zugedeckt kochen lassen, bis die Erbsen weich sind. • Inzwischen die Nudeln »al dente« kochen. Kurz vor Ende der Garzeit die restliche Butter, die Schinkenwürfelchen, die Salatstreifen und die restliche Sahne unter die Erbsen rühren. • Die Nudeln abgießen, in einer vorgewärmten Schüssel mit dem Käse und der Erbsen-Schinken-Masse gut mischen. Sofort servieren.

Mein Tip Für dieses delikate Gericht sollten die Bandnudeln selbstgemacht werden, jedoch sind schmale »Fettucine« ein annehmbarer Ersatz.

Nudeln mit Bratwurst und Brokkoli

1 kg Brokkoli (Spargelkohl) · 300 g Salsiccia (frische, würzige Schweinebratwurst, die man in Deutschland in Geschäften kaufen kann, die italienische Spezialitäten führen) oder Schweinemett · 2 Knoblauchzehen · 2 Eßl. Schweineschmalz · 1 Tasse trockener Rotwein · 1 Tasse leichte Brühe · 400 g Hörnchen oder Bucatini · geriebener Parmesankäse · Pfeffer

- Zubereitungszeit: ungefähr 1 Stunde

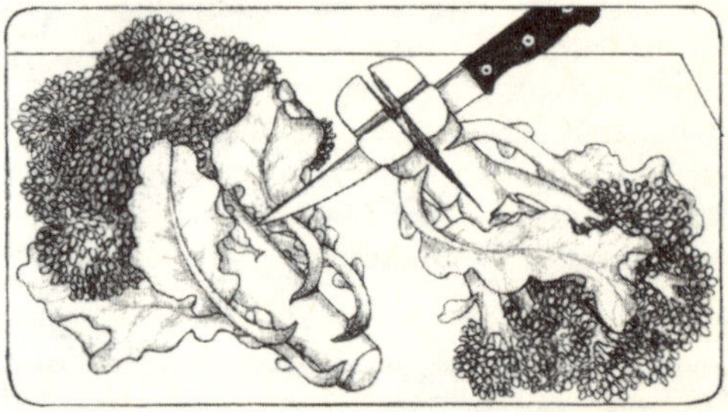

Dicke Brokkolistiele werden kreuzweise eingeschnitten, damit sie mit den zarten Teilen gar werden.

So wird's gemacht: Die Brokkoli putzen, in 3–5 cm lange Stücke teilen (dünne Stiele und Blüten werden schneller gar, darum empfiehlt es sich, dickere Teile kürzer zu schneiden), waschen und in reichlich Salzwasser in etwa 20 Minuten nicht zu weich kochen. • Inzwischen die Würste enthäuten, die Wurstmasse mit einer Gabel zerdrücken. Die Knoblauchzehen schälen, ganz lassen. • In einer Pfanne das Schmalz erhitzen, den Knoblauch braten, bis er leicht braun wird, dann entfernen. • Die Wurstmasse in die Pfanne geben und 10 Minuten bei mittlerer Hitze braten, zuerst mit dem Wein, und, wenn dieser verdampft ist, mit der Brühe angießen, bei milder Hitze zugedeckt langsam kochen lassen. • Wenn die Brokkoli »al dente« gekocht sind, abgießen und dabei das Kochwasser auffangen. Das Gemüse zur Bratwurst geben, warm halten. •

Die Kochflüssigkeit von den Brokkoli wenn nötig auf 4 l ergänzen, die Hörnchen darin »al dente« kochen und abgießen. In einer vorgewärmten Schüssel mit der Bratwurst-Brokkoli-Mischung gut vermengen. Zugedeckt 2–3 Minuten ziehenlassen. Servieren. Den Parmesankäse extra dazu reichen und die Pfeffermühle bereitstellen.

Mein Tip Für dieses Gericht kann man Brokkoli auch durch 750 g Kohl (Wirsing) ersetzen. Diesen putzen, in 3–4 Stücke teilen und 5 Minuten in kochendem Wasser blanchieren. Abseihen, in Streifen schneiden, nach Rezept weiterverarbeiten.

Bandnudeln mit Schweineragout

500 g Schweineschulter (ohne Knochen) · 1 Zwiebel · 1 Stange Bleichsellerie · 2 Möhren (Karotten) · 50 g Speck · 5 Salbeiblättchen oder 1 Messerspitze getrockneter Salbei · 3 Zweige frisches Basilikum · 2 Eßl. Olivenöl · 1 Dose Tomaten (500 g) · Salz · 1 Prise gemahlener Peperoncino (kleine scharfe Paprikaschote) · $^{1}/_{2}$ Tasse Brühe · 400 g Eierbandnudeln · 3 Eßl. geriebener Parmesankäse · 2 Eßl. Butter

- Zubereitungszeit: $1^{1}/_{2}$ Stunden

So wird's gemacht: Das Fleisch kurz waschen, abtrocknen und in kleine Würfel schneiden. • Die Zwiebel schälen, den Sellerie putzen, die Möhren schaben. Das Gemüse mit dem Speck zusammen feinhacken. Die Salbeiblättchen waschen und feinschneiden, das Basilikum waschen und zerkleinern. • In einer Kasserolle das Öl erhitzen, das Gehackte 5 Minuten anbraten, dann die Fleischwürfelchen dazugeben und so lange weiterbraten, bis sie ihre Farbe verloren haben. Die Tomaten mit dem Saft in die Kasserolle geben, mit einer Gabel zerdrücken, mit Salz, Peperoncino und dem Salbei würzen, zugedeckt bei ganz milder Hitze etwa 1 Stunde langsam schmoren lassen, dabei öfter umrühren und bei Bedarf etwas Brühe angießen. • Inzwischen die Nudeln »al dente« kochen. • Kurz vor Ende der Garzeit das Basilikum zum Fleisch geben. • Die Nudeln abgießen. In einer vorgewärmten Schüssel mit dem Käse, der Butter und dem Ragout gut mischen. Sofort servieren.

Makkaroni mit Lammragout

1 kg magere Lammbrust · 2 Knoblauchzehen · 50 g Speck · 1 Eßl. frische oder 1 Teel. getrocknete Rosmarinblättchen · 1 große Zwiebel · 3 Eßl. Olivenöl · 1 Tasse trockener Weißwein · Salz · Pfeffer · 1 Dose Tomaten (500 g) · 1 Tasse Brühe oder Wasser · 10–15 Basilikumblätter · 400 g Makkaroni · 2 Eßl. geriebener Pecorino (Schafkäse)

- Zubereitungszeit: 1 Stunde 15 Minuten

So wird's gemacht: Die Lammbrust vom Metzger in kleine Stücke hacken lassen. Gut waschen, dabei alle Knochensplitter sorgfältig entfernen, abtrocknen. • Die Knoblauchzehen schälen, mit dem Speck und dem Rosmarin ganz fein hacken oder wiegen. • Die Zwiebel schälen und in dünne Ringe schneiden. • In einer Kasserolle das Öl erhitzen, das Kleingehackte mit dem Fleisch und den Zwiebelringen dazugeben und so lange bei mittlerer Hitze braten, bis diese weich sind und die Fleischstücke ihre Farbe verloren haben. Den Weißwein dazugeben und mit Salz und Pfeffer würzen. • Die Tomaten durch ein Sieb passieren und sobald der Wein verdampft ist zum Fleisch geben, gut mischen und zugedeckt bei milder Hitze schmoren lassen. Sollte die Sauce zu stark eindicken, etwas Brühe oder Wasser zugießen. • Inzwischen die Basilikumblätter kurz waschen, mit Küchenkrepp trockentupfen und feinschneiden. • Die Makkaroni in 4–5 cm lange Stücke brechen und »al dente« kochen. • Das Basilikum zum Lamm geben und ziehen lassen. • Die Nudeln abgießen, kurz abtropfen lassen und in den Kochtopf zurückschütten. Zuerst mit dem geriebenen Käse, dann mit dem Großteil der Sauce gut vermischen. Auf vorgewärmte Teller geben, das Fleisch und die restliche Sauce darüber verteilen und sofort servieren.

Mein Tip Lammfleisch wird oft preiswert angeboten. Es empfiehlt sich, eine größere Menge von diesem Ragout zu kochen und einzufrieren. Sollte das Fleisch zu fett sein, läßt man das Ragout auskühlen. Das Fett wird hart und kann mühelos entfernt werden.

Spiralnudeln mit Hasenragout

2 Hasenkeulen (tiefgefroren) · 1 Zwiebel · 1 Stange Bleichsellerie · 50 g durchwachsener Speck · 2 Eßl. Butter · Salz · Pfeffer · 1 Messersp. Thymian · 1 Eßl. Mehl · 1 Tasse trockener Rotwein · 1 Tasse gute Fleischbrühe · 400 g Teigwaren · 3 Eßl. Sahne (Süßrahm) · 3 Eßl. geriebener Parmesan

● Zubereitungszeit: je nach Fleischqualität 1–1 1/4 Stunden

<u>So wird's gemacht:</u> Das Fleisch auftauen, von den Knochen lösen, Haut und Sehnen sorgfältig entfernen, waschen, gut abtrocknen und in kleine Würfel schneiden. • Die Zwiebel schälen, den Sellerie putzen. Zusammen mit dem Speck ganz fein hacken. • In einer Kasserolle 1 Eßlöffel Butter erhitzen, die Fleischwürfelchen und das Gehackte dazugeben und bei guter Hitze rundum braten. Mit Salz, Pfeffer und Thymian würzen. • Die Hitze verringern und das Mehl darüberstreuen. 5 Minuten weiterbraten, dabei fleißig rühren, damit das Mehl nicht anbrennt. Den Wein angießen. Sobald dieser verdampft ist, die Fleischbrühe dazugeben und alles zugedeckt so lange schmoren lassen, bis das Fleisch gar ist, dabei soll die Sauce cremig eindicken. • Inzwischen die Nudeln »al dente« kochen und abgießen. Die Sahne und die restliche Butter unter das Ragout mischen. In einer vorgewärmten Schüssel die abgetropften Nudeln mit dem Käse und dem Ragout gut verrühren, 5 Minuten zugedeckt ziehen lassen und dann servieren.

Bandnudeln mit Entenragout

1 bratfertige Ente (1 kg) · 1 Zwiebel · 1 Knoblauchzehe · 1 Möhre (Karotte) · 1 Stange Bleichsellerie · 25 g Speck · 1 Bund Petersilie · 4 Salbeiblättchen · je 1 Zweig Rosmarin und Thymian (getrocknete Gewürzkräuter sparsamer dosieren!) · 2 Eßl. Olivenöl · 1 Lorbeerblatt · 1/2 Tasse Weißwein · knapp 1 Eßl. Tomatenmark · 1 Tasse Brühe · Salz · Pfeffer · 400 g schmale Bandnudeln (Fettucine) · 3 Eßl. geriebener Parmesankäse

● Zubereitungszeit: je nach Fleischqualität 1 1/2–2 Stunden

So wird's gemacht: Die Ente in 8 Stücke teilen. Kurz waschen und gut abtrocknen. • Die Zwiebel und die Knoblauchzehe schälen, die Karotte schaben. Den Sellerie putzen und zusammen mit dem Speck und der Petersilie feinhacken. Die Salbei-, Rosmarin- und Thymianblättchen waschen, feinwiegen oder im Mörser zerdrücken. • In einer weiten flachen Kasserolle das Öl erhitzen, das Gehackte kurz anbraten, die Gewürzkräuter mit dem Lorbeerblatt dazugeben. Die Entenstücke in einer Lage darauf verteilen und bei mittlerer Hitze 10 Minuten braten. • Den Weißwein angießen. Die Entenstücke fleißig wenden, bis der Wein verdampft ist. • Das Tomatenmark in der Brühe auflösen und über das Fleisch gießen. Mit Salz und Pfeffer würzen und zugedeckt langsam bei milder Hitze schmoren lassen. • Die Nudeln »al dente« kochen, abgießen und gut abtropfen lassen. • Das Fleisch aus der Kasserolle nehmen und warmstellen. Das Lorbeerblatt entfernen. Die Nudeln mit der Sauce und dem Parmesankäse gut mischen und auf eine vorgewärmte Platte geben. Die Fleischstücke darüber verteilen, sofort servieren.

Spaghetti mit Nieren in Tomatensauce

1 Rinderniere (500 g) · 1/4 l trockener Rot- oder Weißwein · 1 große Zwiebel · 1 kleine Dose Tomaten (500 g) · 4 Eßl. Olivenöl · Salz · 1 Messersp. Peperoncino (kleine scharfe Paprikaschote) · 400 g Spaghetti · 1 Eßl. Mehl · geriebener Parmesan

● Zubereitungszeit: 1 Stunde

So wird's gemacht: Die Nieren der Länge nach in vier Teile schneiden. Alle Sehnen, Röhren sowie alles Fett entfernen. Unter fließendem Wasser sorgfältig waschen, abtrocknen und in dünne Scheibchen schneiden. In eine Schüssel geben und mit dem Wein begie-

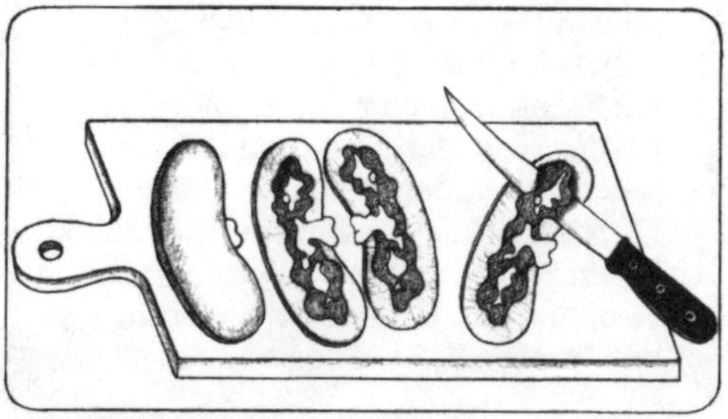

Nieren werden gesäubert, indem man sie der Länge nach durchschneidet und von Röhren und Fett befreit.

Obwohl »Canneloni al forno« zu den Meisterwerken italienischer Kochkunst zählen, ist ihre Zubereitung nicht schwierig, Rezept Seite 33. ▷

ßen. Mindestens 30 Minuten marinieren lassen. • Inzwischen die Zwiebel schälen und feinhacken. Die Tomaten mit dem Saft durch ein Sieb passieren. • In einer Kasserolle 3 Eßlöffel Öl heiß werden lassen, die gehackte Zwiebel dazugeben und so lange braten bis sie weich, aber nicht braun, wird. Die passierten Tomaten dazugeben und mit Salz und Peperoncino würzen. Bei mittlerer Hitze (nicht zugedeckt) etwa 45 Minuten kochen lassen. Dabei sollten $^2/_3$ der Flüssigkeit verdampfen. • Die Nierenscheibchen in ein Sieb geben und gut abtropfen lassen. • Die Spaghetti »al dente« kochen. Kurz vor Ende der Garzeit der Nudeln in einer Pfanne 1 Eßlöffel Öl gut heiß werden lassen. Die abgetropften Nieren dazugeben, das Mehl darüberstreuen und so lange rühren, bis die Nierenscheibchen die Farbe verloren haben. Dann zu dem Tomatensugo geben und kurz darin ziehen lassen. • Die Nudeln abgießen und in eine vorgewärmte Schüssel geben. • Den Sugo eventuell nachwürzen, sofort gründlich mit den Nudeln mischen und servieren. • Geriebenen Parmesankäse extra reichen.

Mein Tip Obwohl Rindernieren preiswert sind und bei richtiger Zubereitung im Wohlgeschmack den teueren Kalbsnierchen nicht nachstehen, werden sie in der deutschen Küche nur selten verwendet. Wenn sie 750–800 g Nieren nach diesem Rezept zubereiten, haben Sie ein leichtes, kalorienarmes Hauptgericht, zu dem Sie Weißbrot und frischen Salat servieren.

Bandnudeln mit Geflügelinnereien

Ich verwende für dieses Gericht gerne die Innereien unserer Weihnachtsgans. Es ist schnell zubereitet und hat wenig Kalorien.

2 Eßl. getrocknete Pilze · 1 große Zwiebel · 50 g Speck · je 150 g Herzen, Mägen und Lebern von Huhn oder Pute · 1 Dose Tomaten (500 g) · 2 Eßl. Olivenöl · $^1/_2$ Tasse trockener Rotwein · Salz · Pfeffer · 400 g Bandnudeln · 1 Eßl. Butter · geriebener Parmesankäse

- Zubereitungszeit: $1^1/_2$ Stunden

So wird's gemacht: Die Pilze in Wasser einweichen. • Die Zwiebel schälen und ebenso wie den Speck ganz fein hacken. • Die Innereien putzen, gut waschen und abtrocknen. Herzen und Mägen in sehr feine Scheiben, die Lebern in kleine Stücke schneiden. • Die Tomaten abtropfen lassen und mit einer Gabel zerdrücken. • In einer Kasserolle das Öl erhitzen. Die Zwiebel und den Speck kurz anbraten, Mägen und Herzen dazugeben, kurz mitbraten. Den Wein angießen, verdampfen lassen, dann die Hitze reduzieren. Die Tomaten und die gut ausgedrückten Pilze dazugeben, mit Salz und Pfeffer würzen und zugedeckt langsam so lange kochen lassen, bis die Innereien gar sind. • Die Nudeln »al dente« kochen. Kurz vor Ende der Garzeit der Nudeln die Geflügelleber in die Kasserolle geben. • Die Nudeln abgießen, in einer vorgewärmten Schüssel mit der Butter und dem Ragout mischen und sofort servieren. Den Parmesankäse extra bereitstellen.

◁ Tortellini mit einem Ragout aus Geflügellebern und Salbei, Rezept Seite 60.

Deutsche Urlauber, die im Süden die italienische Küche kennen und schätzen gelernt haben, möchten auch zu Hause »all'italiana« essen können. Nicht umsonst erfreuen sich die italienischen Restaurants im deutschsprachigen Raum so regen Zuspruchs. Dort werden »Pasta alla bolognese«, »Lasagne« und »Cannelloni« allerdings in Portionen verzehrt, die gut und gerne ein Hauptgericht ersetzen. Das ist in den Augen der Italiener ein kulinarischer Fehltritt, den sie sich teuer bezahlen lassen. Billiger und besser kann man den Spaß daheim haben. Wenn Sie Ihre Lieblingsgerichte nach den Rezepten in diesem Kapitel zubereiten, sind Sie gegenüber dem Koch in »Ihrer Trattoria« bald konkurrenzfähig. Da ein echter Fan der italienischen Küche unter dem Titel »Nudeln mit Speck und Eiern« bestimmt nicht seine »Pasta alla carbonara« vermutet, wurden die Gerichte mit den italienischen Namen versehen.

Spaghetti con aglio, olio e peperoncino

Spaghetti mit Knoblauch und scharfem Paprika, Bild Seite 10

Sieht man davon ab, Spaghetti »al burro« anzurichten, so ist dies wohl die einfachste Art, Teigwaren »all'italiana« zu servieren. Versuchen Sie diese Version.

3 Knoblauchzehen · 1 Bund Petersilie · 5 Eßl. Olivenöl · 1 Peperoncino (kleine scharfe Paprikaschote, frisch oder getrocknet), nach Geschmack etwas weniger · 400 g Spaghetti · geriebener Parmesankäse oder Pecorino (Schafkäse)

- Zubereitungszeit: 30 Minuten

So wird's gemacht: Die Knoblauchzehen schälen, zerdrücken oder auspressen. Die Petersilie feinhacken. • In einer kleinen Pfanne das Öl heiß werden lassen, den Knoblauch und den Peperoncino bei ganz milder Hitze leicht anrösten (der Knoblauch darf nicht braun werden). • Gleichzeitig die Spaghetti »al dente« kochen, abseihen und gut abtropfen lassen. • Den Peperoncino aus dem Öl entfernen. • In einer vorgewärmten Schüssel die Nudeln, die Petersilie und die Knoblauchsauce kräftig mischen. Sofort servieren. Dazu den Käse reichen.

Trenette al pesto genovese

Schmale Bandnudeln mit Genueser Sauce, Bild 3. Umschlagseite

»Pesto« kommt von »pestare«, das heißt im Mörser zerreiben. Auf diese Weise pflegen auch heute noch italienische Hausfrauen Basilikum, Knoblauch, Pinienkerne und Schafkäse zu dieser köstlichen Sauce zu verarbeiten.

3 Bund Basilikum · 4 Knoblauchzehen · 2 Eßl. Pinienkerne · Salz · Pfeffer · 1 Tasse Olivenöl · 80 g geriebener Pecorino (Schafkäse) · 400 g Trenette

- Zubereitungszeit: 1 Stunde

So wird's gemacht: Die Basilikumblätter kurz waschen, mit Küchenkrepp trocknen und grobhacken. Die Knoblauchzehen schälen und auspressen. Die Pinienkerne feinhacken. Das Basilikum mit etwas Salz im Mörser verreiben. Dann Pfeffer, Knoblauch und Pinienkerne dazugeben, mit dem Stößel weiterarbeiten und dabei löffelweise Öl und Käse untermischen, bis die Sauce leicht cremig wird. • Die Nudeln »al dente« kochen, abseihen, dabei 1 Tasse Kochwasser auffangen. • Die Trenette in eine vorgewärmte Schüssel geben. Den »pesto« mit 3–4 Eßlöffeln Kochwasser verdünnen und gut mit den Nudeln mischen.

Mein Tip Man kann die Sauce ohne Käse auch im Elektromixer zubereiten. Der Pecorino wird dann gesondert untergemischt.

Spaghetti alla napoletana

Spaghetti mit Tomatensauce

Teigwaren nach diesem schlichten klassischen Rezept zubereitet schmecken köstlich und sind bei Feinschmeckern jeden Alters sehr beliebt.

1 große Zwiebel · 1 Bund Petersilie · 3 Zweige Basilikum · 1 kleine Dose Tomaten (500 g) · 4 Eßl. Olivenöl · Salz · 1 Stück Peperoncino (kleine scharfe Paprikaschote, frisch oder getrocknet) · 400 g Spaghetti · 2 Eßl. Butter · geriebener Parmesankäse oder Pecorino (Schafkäse)

- Zubereitungszeit: 1½ Stunden

So wird's gemacht: Die Zwiebel schälen und in feine Scheiben schneiden. Die Petersilie feinhacken. Das Basilikum grob zerkleinern. Die Tomaten mit einer Gabel zerdrücken. Das Öl heiß werden lassen, die Zwiebel leicht anbraten, die Kräuter und die Tomaten mit dem Saft dazugeben. Salzen und den Peperoncino zugeben. Zugedeckt bei ganz milder Hitze gut eindicken lassen. • Den Peperoncino vor dem Servieren entfernen. • Die Spaghetti »al dente« kochen, abseihen und gut abtropfen lassen, auf vorgewärmte Teller verteilen. Die Sauce und die Butter in Flöckchen darübergeben, mit Käse bestreuen.

Spaghetti all'amatriciana

Spaghetti, wie sie die Frauen in Amatrice zubereiten

200 g abgelagerter, gut durchwachsener Speck · ½ Zwiebel · 5 Tomaten · 2 Eßl. Olivenöl · 1 Stück Peperoncino (kleine scharfe Paprikaschote) · Salz · 400 g Spaghetti · 100 g geriebener Pecorino (Schafkäse)

- Zubereitungszeit: 45 Minuten

So wird's gemacht: Den Speck in nicht zu kleine Würfel schneiden. Die Zwiebel schälen und feinhacken. Die Tomaten kurz in kochendes Wasser geben, schälen, grob zerteilen, dabei die Kerne entfernen. • In einer Kasserolle das Öl gut erhitzen, die Speckwürfel ausbraten, dann herausnehmen. • In dem Fett die Zwiebel nur weich dünsten, nicht braun werden lassen. Zuerst die Tomaten mit dem Peperoncino und nach 15 Minuten die Speckwürfel wieder dazugeben. Mit Salz würzen. • Die Spaghetti »al dente« kochen, abseihen. • In einer Schüssel mit der Sauce und der halben Menge Käse gut mischen. Heiß servieren, den restlichen Pecorino extra reichen.

Mein Tip »Pasta all'amatriciana« (man findet sie auch unter der Bezeichnung »alla Matriciana«) wird in ganz Italien gerne gegessen. Je nach Region werden andere Teigwaren, Makkaroni oder Bucatini, genommen.

Pasta alla bolognese

Nudeln mit Hackfleischsauce

Zahllose Restaurants in aller Welt führen diese Spezialität, die oft mit dem Originalgericht nur so weit verwandt ist, daß man für die Sauce Hackfleisch verwendet. Die gewünschte Konsistenz wird häufig durch Zugabe von Mehl und Tomatenmark in kurzer Zeit erreicht. Wenn Sie aber eine italienische Hausfrau fragen: »Was ist eigentlich das Geheimnis eines echten »ragù alla bolognese«, wird sie Ihnen antworten: »Kochen, kochen und noch einmal kochen lassen!« Die einzelnen Zutaten variieren auch in Italien je nach Familientradition.

1 Zwiebel · 1 Möhre (Karotte) · 1 Stange Bleichsellerie · 50 g Speck · 300 g gemischtes Hackfleisch · 300 g Tomaten · 100 g Butter · 1 Tasse trockener Rotwein · 1 Tasse kräftige Fleischbrühe · Salz · Pfeffer · Milch nach Bedarf · 500 g Teigwaren (Spaghetti, Bandnudeln) · geriebener Parmesankäse

- Zubereitungszeit: 45 Minuten
- Garzeit: 3 Stunden

So wird's gemacht: Die Zwiebel schälen, die Karotte schaben, den Sellerie putzen, mit dem Speck zusammen ganz fein hacken und gut unter das Fleisch rühren. • Die Tomaten kurz in kochendes Wasser halten, schälen und pürieren. • In einer Kasserolle die Butter langsam erhitzen, das Fleisch anrösten, bis es die Farbe verloren hat, dann mit dem Rotwein aufgießen und fleißig rühren, bis dieser verdampft ist. • Jetzt 1/2 Tasse Brühe zugießen, bei kleiner Hitze langsam kochen lassen, dabei nach und nach den Rest der Brühe dazugeben. • Ist auch diese verdampft, die Tomaten untermischen, salzen, pfeffern und mit so viel Milch aufgießen, daß alles bedeckt ist. • Nun zugedeckt bei ganz milder Hitze 3 Stunden kochen lassen. Bei Bedarf mit etwas Brühe oder Milch verdünnen. • Spaghetti oder Tagliatelle verdi (Bandnudeln mit Spinat) »al dente« kochen, auf vorgewärmten Tellern anrichten, das Ragout darüber verteilen, mit geriebenem Parmesankäse bestreuen und sofort servieren.

Spaghetti alla carbonara

Spaghetti nach Art der Köhlersfrau

Wir sind einmal vor Jahren bei einem unserer Streifzüge quer durch den Apennin auf Holzkohlenmeiler gestoßen. Ein altes, kleines Haus stand nicht weit davon. Es gab einen winzigen Gemüsegarten, ein paar Hühner; ein Schaf war angepflockt und eine Ziege. Ein Schwein suhlte sich in einer Pfütze – sonst nichts weit und breit. Da wurde mir klar, wie das uralte Rezept für »spaghetti alla carbonara« entstanden ist.

400 g Spaghetti · 150 g geräucherte Schweinebacke · 1 Knoblauchzehe · 2 Eßl. Schweineschmalz · 3 Eier · Salz · Pfeffer · je 2 gehäufte Eßl. geriebener Pecorino (Schafkäse) und Parmesankäse

● Zubereitungszeit: 30 Minuten

So wird's gemacht: Die Spaghetti »al dente« kochen. In der Zwischenzeit die Schweinebacke in kleine Würfel schneiden, den Knoblauch schälen, ganz lassen. • In einer großen Pfanne das Schmalz erhitzen, den Knoblauch so lange braten, bis er braun wird, dann herausnehmen. • Jetzt die Speckwürfel langsam ausbraten. • Die Eier in einer Tasse gut verrühren, mit Salz und Pfeffer kräftig würzen. • Sobald die Nudeln gar sind, abseihen und in die Pfanne mit dem Speck geben. Gut verrühren. • Dann die Eier und je 1 Eßlöffel von dem Käse so lange mit den Spaghetti mischen, bis alle Nudeln mit einer gelben Creme überzogen sind. Den restlichen Käse unterrühren und sofort auf vorgewärmten Tellern anrichten.

Mein Tip Da es Öl und Butter überall zu kaufen gibt, können Sie das Schweinefett dadurch ersetzen. In manchen Gegenden mischt man ein paar Eßlöffel Sahne (Süßrahm) unter die »pasta«.

Lasagne al forno

Teigwaren mit Bologneser Ragout überbacken

»Ragù alla bolognese« aus 300 g Hackfleisch (Rezept Seite 31) · Béchamelsauce aus 50 g Butter, 50 g Mehl, 1/2 l Milch, Salz, Pfeffer (kein Muskat) · 400 g Lasagne verdi (breite Blätter aus grünem Nudelteig) · zerlassene Butter · 1 Mozzarella (Weichkäse aus Büffelmilch) · 3 Eßl. geriebener Parmesankäse · Butterflöckchen

● Zubereitungszeit: 1 Stunde, dabei ist die Garzeit für das »ragù alla bolognese« nicht berücksichtigt.
● Garzeit: 30–40 Minuten

So wird's gemacht: Das Hackfleischragout zubereiten oder auftauen. Für die Béchamelsauce in einem Topf die Butter schmelzen, das Mehl unter ständigem Rühren leicht anschwitzen lassen, langsam die Milch zugießen, dabei mit dem Schneebesen kräftig schlagen, damit keine Klümpchen entstehen. Mit Salz und Pfeffer würzen. Kurz aufkochen lassen. Die Sauce darf nicht zu dick werden, bei Bedarf mit etwas Milch verdünnen. • Die Teigblätter nach Anweisung auf der Packung in reichlich Salzwasser (nur 3–4 Stück auf einmal) kochen, auf einem sauberen Küchentuch auslegen. • Den Backofen auf 180 °C vorheizen. Eine rechteckige flache Back- oder Auflaufform gut mit zerlassener Butter ausstreichen. Eine Lage Nudeln einfüllen. Löffelweise Hackfleisch- und Béchamelsauce darüber verteilen. Mozzarellastückchen dazwischen legen, mit frisch gemahlenem Pfeffer und geriebenem Parmesan würzen. So oft wiederholen, bis alle Zutaten aufgebraucht sind. Die letzte Nudelschicht muß gut mit Béchamelsauce bestrichen werden. Darüber verteilt man reichlich Butterflöckchen. Im vorgeheizten Backofen je nach Höhe der Lasagne 30–40 Minuten backen.

Mein Tip Wenn Sie statt »Ragù alla bolognese« die Tomatensauce (Seite 30) verwenden, wird das Gericht nicht ganz so üppig. Und wenn Sie keine Zeit haben, den Nudelteig selbst zu machen, können Sie 400 g fertige Lasagneblätter oder Cannelloni zum Füllen verwenden. Es sind verschiedene Fabrikate im Handel, die Kochzeit ist auf den Packungen angegeben und sollte eingehalten werden.
Cannelloni lassen sich wie die Lasagne 1–2 Stunden vor dem Eintreffen der Gäste vorbereiten. Beide Gerichte kann man einfrieren.

Cannelloni

Bild Seite 27

»Ragù alla bolognese« (Seite 31) · 300 g Mehl · 4 Eier · Salz · 2 Knoblauchzehen · 1 Teel. frische Rosmarinblättchen (oder knapp 1 Teel. getrockneter, feingemahlener Rosmarin) · 350 g Hühnerbrustfilet · 150 g Schweinefleisch für Schnitzel · 2 Eßl. Olivenöl · 200 g Spinat · 8 Eßl. geriebener Parmesankäse · 2 Eßl. Ricotta (italienischer Frischkäse) oder Sahnequark · Pfeffer · Muskatnuß

● Zubereitungszeit: $1^3/_4$ Stunden. Ohne Garzeit für das »Ragù«.

So wird's gemacht: Das »Ragù« kochen. • Aus dem Mehl, 3 Eiern und 1 Prise Salz nach dem Grundrezept (Seite 6) einen Nudelteig zubereiten und ruhen lassen, bis die Füllung fertig ist. • Inzwischen die Knoblauchzehen schälen und mit dem Rosmarin feinhacken. Die Hühnerfilets und das Schweineschnitzel in Streifen schneiden. • In einer Pfanne das Öl erhitzen, das Fleisch mit dem Knoblauch und dem Rosmarin kurz anbraten. • Den Spinat verlesen, waschen, mit wenig Wasser in einen Topf geben, kurz kochen, bis die Blätter zusammenfallen, dann abgießen, abtropfen lassen und gut ausdrücken. Das Fleisch und den Spinat feinhacken oder durch den Fleischwolf drehen. • In einer Schüssel das letzte Ei mit 2 Eßlöffeln Parmesankäse und dem Frischkäse mischen, mit Salz, Pfeffer und Muskatnuß würzen. Mit der Fleisch-Spinat-Mischung gut verrühren, damit eine homogene, nicht zu feste Masse entsteht. • Den Nudelteig in Vierecke mit 8 × 10 cm Seitenlänge schneiden, diese in 3–4 Portionen jeweils 5 Minuten in viel kochendes Salzwasser geben, dabei umrühren, damit sie nicht zusammenkleben. Mit einem Schaumlöffel herausnehmen, kurz in kaltes Wasser tauchen und auf einem Küchentuch ausbreiten. • Je 1 Eßlöffel der Füllung auf das untere Drittel der Teigstücke geben und diese zusammenrollen. • Eine viereckige Gratinform gut mit Butter ausstreichen, eine erste Lage Cannelloni hineingeben, dann mit Hackfleischragout begießen und mit Parmesankäse bestreuen. Es kommt Lage auf Lage, bis alle Zutaten aufgebraucht sind. Die letzte Schicht muß aus geriebenem Käse bestehen. In dem auf 250° C vorgeheizten Ofen etwa 30–35 Minuten backen.

Nudeln mit Meeresfrüchten

Italienische Freunde sind der Ansicht, man sollte darauf verzichten, »i frutti di mare«, zu deutsch Früchte des Meeres, in der Stadt oder auch nur in einem geschlossenen Raum zu essen. Nur an der Küste des Meeres, auf einer windumspielten Terrasse, im Schatten einer Pergola, die gerade so viel Sonnenstrahlen durchläßt, um den Wein in der Karaffe aufleuchten zu lassen, unter der dezenten Begleitmusik rauschender Wellen und in Gesellschaft tafelnder Freunde, nur so könne man Frische und Wohlgeschmack eines der köstlichsten Geschenke der Natur würdigen. Davon war jedenfalls einer der vielen italienischen Autoren noch vor kurzem überzeugt, als er sich in typischem Enthusiasmus mit der Kunst des Tafelns befaßte.

Inzwischen hat sich aber auch in Italien in der kulinarischen Szene manches geändert. Wir sind seit vielen Jahren mit einem Fischer befreundet, der sich vom ambulanten Händler zum Leiter eines großen Depots für tiefgefrorene Meerestiere gemausert hat. Von ihm wissen wir, daß es jetzt auch an der Küste nur mehr wenige Restaurants gibt, die frische Fische für ihre Küche verwenden. Diese werden nur noch von Köchen teurer Feinschmeckerlokale gekauft und von Hausfrauen, die in Italien nach wie vor ein distanziertes Verhältnis zur Tiefkühltruhe haben. In Anbetracht des technischen Fortschritts auf dem Sektor des Tiefgefrierens ist diese Zurückhaltung jedoch nur noch bedingt gerechtfertigt.

Und da bei uns immer mehr Kaufhäuser »Meeresfrüchte« tiefgefroren, aber natürlich auch frisch, anbieten, habe ich Ihnen einige Rezepte aufgeschrieben, nach denen auch Sie für sich und Ihre Gäste die köstlichsten italienischen Fischspezialitäten mit Nudeln zubereiten können.

Spaghetti mit Miesmuscheln

Dieses Gericht »alla napoletana« kommt während unserer Ferien im sonnigen Süden mindestens einmal in der Woche auf den Tisch. Wenn Sie beim Einkauf auf frische Ware achten (die Muschelschalen müssen geschlossen sein!) und die Muscheln nicht roh verzehren, können Sie Ihre Familie unbesorgt mit Spezialitäten aus »Meeresfrüchten« verwöhnen.

1 kg frische Miesmuscheln (oder eine 500 g Dose) · 4 Knoblauchzehen · 1 Bund Petersilie · 1 Dose Tomaten (500 g) · 4 Eßl. Olivenöl · 1 Messersp. Peperoncino (kleine scharfe Paprikaschote, gemahlen) · Salz · 400 g Spaghetti

- Zubereitungszeit: 1 Stunde 15 Minuten

So wird's gemacht: Die Muscheln unter fließendem Wasser gut bürsten und entbarten. In einem Topf unter ständigem Rühren so lange erhitzen, bis sich alle Schalen geöffnet haben. Abkühlen lassen. • Inzwischen die Knoblauchzehen schälen und mit der gewaschenen Petersilie feinhacken. • Die Tomaten mit dem Saft passieren. • In einer Kasserolle das Öl heiß werden lassen. Die Knoblauchzehen und die Petersilie kurz anbraten (der Knoblauch darf nicht braun werden) und die Tomaten dazugeben. Bei milder Hitze eindicken lassen. • Die Muscheln aus den Schalen lösen. • Den beim Kochen entstandenen Saft durch ein Tuch filtern und zu der Tomatensauce – dem Sugo – geben. Mit gemahlenem Peperoncino würzen, vorsichtig salzen, denn der

Muschelsaft würzt zusätzlich. Die Muscheln dazugeben. Bei mittlerer Hitze alles kochen lassen, bis ein Großteil der Flüssigkeit verdampft ist. • Inzwischen die Nudeln »al dente« kochen, abgießen und in einer vorgewärmten Schüssel mit dem dicken Muschelsugo gut verrühren. Sofort servieren.

Mein Tip Da man auch in Deutschland zumindest während der Wintermonate frische Muscheln kaufen kann, sollte man nur im Notfall auf Konserven ausweichen. Achten Sie dann aber darauf, daß die Muscheln nur im eigenen Saft (den Sie zum Sugo mitverwenden) eingelegt sind. Marinierte Muscheln sind für dieses Gericht nicht geeignet.

Miesmuscheln in Weinsauce

1 1/2 kg frische Miesmuscheln · 3 Knoblauchzehen · 1 großer Bund Petersilie · 4 Sardellenfilets · 400 g feine Spaghetti (Nr. 3) · 4–5 Eßl. Olivenöl · 1 Tasse trockener Weißwein · frisch gemahlener Pfeffer · Salz

- Zubereitungszeit: 1 Stunde

So wird's gemacht: Die Muscheln unter fließendem Wasser gut bürsten und entbarten. In einem großen Topf unter ständigem Rühren so lange erhitzen, bis sich alle Schalen geöffnet haben. Auskühlen lassen. • Die Knoblauchzehen schälen, die Petersilie waschen und trockentupfen und zusammen mit den Sardellenfilets feinhacken. • Die Muscheln aus den Schalen lösen. Den Muschelsaft durch ein Sieb oder Tuch filtern, damit Muschel- oder Sandreste zurückbleiben. • Die Nudeln »al dente« kochen. • Inzwischen in einer Kasserolle das Öl nicht zu stark erhitzen, den Knoblauch, die Petersilie und die Sardellen leicht anbraten und den Weißwein angießen. • Sobald dieser verdampft ist, die Muscheln und den Muschelsaft dazugeben. Kräftig mit frisch gemahlenem Pfeffer und, wenn nötig, mit Salz würzen. • Die Nudeln abgießen und in einer vorgewärmten Schüssel sofort mit der Sauce gut mischen. Zugedeckt kurz ziehen lassen. Ohne Käse servieren.

Mein Tip Man kann ein paar schöne Muscheln in der Schale zurückbehalten und damit das Gericht garnieren. Verwenden Sie für dieses Rezept nur frische Muscheln.

Spaghetti mit Herzmuscheln

Dieses Gericht kennt jeder Liebhaber der italienischen Küche unter dem Namen »Spaghetti alle vongole«.

1 1/2 kg Herzmuscheln (Vongole) · 2–3 Knoblauchzehen · 1 großer Bund Petersilie · 1 Dose Tomaten (500 g) ·

4–5 Eßl. Olivenöl · gut 1 Messerspitze Peperoncino (kleine scharfe Paprikaschote) · 400 g Spaghetti (Nr. 3) · Salz · Pfeffer

- Zubereitungszeit: etwa 1½ Stunden

So wird's gemacht: Die Muscheln unter fließendem Wasser gut waschen, dabei die entfernen, deren Schalen geöffnet oder angeschlagen sind. Abtropfen lassen. • Die Knoblauchzehen schälen und zerdrücken, die Petersilie waschen, trockentupfen und feinhaken. • Die Tomaten leicht abtropfen lassen und grob zerkleinern. • Die geputzten Muscheln in einen großen flachen Topf geben, zugedeckt erhitzen, dabei oft umrühren. Sobald sie sich öffnen, die Muscheln nacheinander herausnehmen, aus den Schalen lösen und beiseite stellen. Den Muschelsaft durch ein feines Sieb oder ein Tuch filtern, damit Sand und Schalenreste zurückbleiben und ebenfalls beiseite stellen. • In einer Kasserolle das Öl erhitzen, die Knoblauchzehen leicht anbraten, dann die Tomaten und den Muschelsaft dazugeben. Mit Peperoncino kräftig würzen. Bei guter Hitze etwa 30 Minuten lebhaft kochen lassen. • Inzwischen die Nudeln »al dente« kochen. Kurz bevor die Nudeln gar sind, die Petersilie und die ausgelösten Muscheln zu den Tomaten geben und, wenn nötig, noch salzen. • Die Nudeln abseihen, gut abtropfen lassen, auf vorgewärmte Teller verteilen, die Sauce und eine Prise frisch gemahlenen Pfeffer darübergeben und sofort servieren.

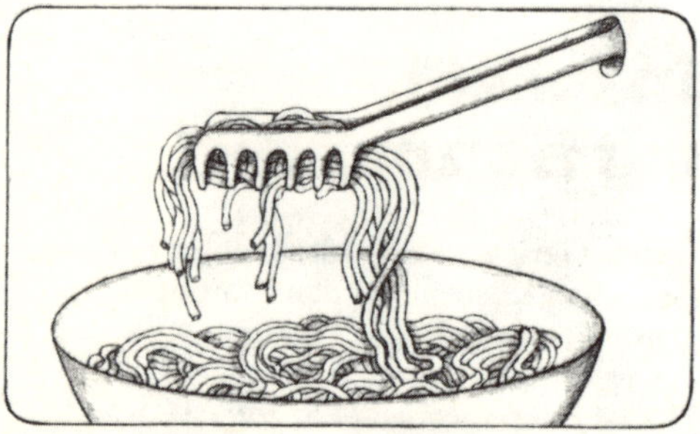

Die Spaghettizange – ein praktisches Souvenir aus Italien.

Mein Tip Dieses Gericht kann man sehr gut mit konservierten Muscheln (Vongole) zubereiten. Sie sind tiefgefroren oder in Dosen (im eigenen Saft, nicht mariniert!) im Handel. Es ist wichtig, den Muschelsaft aus der Konserve mitzuverwenden.

Spaghetti mit Krabben

400 g frische oder 250 g tiefgefrorene Krabben · 3 Knoblauchzehen · 1 Bund Petersilie · 1 Dose Tomaten (500 g) · 4 Eßl. Olivenöl · 1 Tasse trockener Weißwein · 500 g feine Spaghetti (Nr. 3)

- Zubereitungszeit: 45 Minuten

So wird's gemacht: Die frischen Krabben schälen, beziehungsweise die tiefgefrorenen auftauen lassen. • Die Knoblauchzehen schälen, mit der gewaschenen Petersilie feinhaken. • Die Tomaten gut abtropfen lassen und grobhacken. • In einer Kasserolle das Öl heiß werden lassen. Den Knoblauch und die Petersilie bei milder Hitze 5 Minuten anbraten, die

Krabben dazugeben und kurz ziehen lassen. Den Weißwein angießen und bei guter Hitze verdampfen lassen. Jetzt die Tomaten untermischen. Mit Salz und Pfeffer würzen. Bei milder Hitze in etwa 15 Minuten garen lassen. • Inzwischen die Spaghetti »al dente« kochen, abseihen und in einer vorgewärmten Schüssel gut mit dem Krabbensugo mischen. Sofort servieren. Keinen Parmesankäse verwenden.

Nudeln mit Fischsauce nach Genueser Art

1 Zwiebel · 2 Knoblauchzehen · 1 Möhre (Karotte) · 1 Stange Bleichsellerie · je 1 Bund Petersilie und Basilikum · 1 Teel. frischen Rosmarin und 6–8 frische Salbeiblättchen · 1 Dose Tomaten (500 g) · 1 Schellfisch am Stück (ca. 1 kg) · 1 Eßl. Mehl · 4 Eßl. Olivenöl · Salz · frisch gemahlener Pfeffer · 1/2 Lorbeerblatt · 400 g feine Spaghetti (Nr. 3)

- Zubereitungszeit: 1 Stunde

So wird's gemacht: Die Zwiebel und die Knoblauchzehen schälen. Die Möhre schaben und den Sellerie putzen. Die Petersilie, das Basilikum, den frischen Rosmarin und die Salbeiblättchen abbrausen, trockentupfen und mit dem Gemüse zusammen feinhacken. • Die Tomaten abtropfen lassen und grob zerkleinern. • Den Fisch gut säubern, waschen, abtrocknen und in Mehl wenden. • In einem flachen Schmortopf das Öl heiß werden lassen und das kleingehackte Gemüse und die Kräuter kurz anbraten. Die Tomaten dazugeben, mit einer Gabel zerdrücken und zugedeckt bei milder Hitze dünsten. • Jetzt den Fisch in den Schmortopf legen, mit dem Salz, dem Pfeffer und dem Lorbeerblatt würzen. Zugedeckt im vorgeheizten Backofen bei mittlerer Hitze (175° C) in etwa 45 Minuten garen lassen. • Inzwischen die Nudeln »al dente« kochen, abgießen und in eine vorgewärmte Schüssel geben. • Den Fisch vorsichtig, damit er nicht zerfällt, auf einer vorgewärmten Servierplatte anrichten und 2–3 Eßlöffel Sauce darübergießen. • Die restliche Sauce durch ein Sieb über die Nudeln passieren, mit diesen gut verrühren und sofort servieren. Zum Fisch Salat oder kurz gedämpftes Gemüse reichen.

Mein Tip Es empfiehlt sich, Fisch nach diesem Rezept zuzubereiten, wenn die Gewürzkräuter frisch auf dem Markt sind. Außer Schellfisch eignen sich auch andere Fische mit festem Fleisch für dieses Gericht.

Spaghetti mit Tintenfisch

500 g tiefgefrorenen Tintenfisch (Seppie oder Calamari) in Streifen geschnitten · 2 Knoblauchzehen · 1 Zwiebel · 1 Stange Bleichsellerie · 1 Möhre (Karotte) · 1 Bund Petersilie · 4–5 Eßl. Olivenöl · frisch gemahlener Pfeffer · Salz · 1 Tasse trockener Weißwein · 400 g feine Spaghetti (Nr. 3)

- Zubereitungszeit: je nach Qualität des Tintenfisches 1–2 Stunden

So wird's gemacht: Die Tintenfischstreifen auftauen lassen. • Die Knoblauchzehen schälen und ganz lassen. Die Zwiebel schälen, den Sellerie putzen, die Möhre schaben, alles zusammen feinhacken. Die Petersilie waschen, trockentupfen und feinschneiden. • In einer Kasserolle das Öl gut heiß werden lassen, die Knoblauchzehen rundum anbraten, bis sie hellbraun werden, dann entfernen. • Das gehackte Gemüse ohne Petersilie in die Kasserolle geben, kurz anbraten. • Den Tintenfisch abbrausen, trockentupfen, zu dem Gemüse geben und mit reichlich Pfeffer und wenig Salz würzen. Zugedeckt langsam schmoren lassen, bei Bedarf trockenen Weißwein angießen. • Inzwischen die Nudeln »al dente« kochen, abgießen. In einer vorgewärmten Schüssel mit der Petersilie und dem Fischsugo gut mischen, sofort servieren.

Spaghetti mit Tintenfisch und Tomaten

500 g tiefgefrorenen Tintenfisch (Calamari) in Streifen geschnitten · 1 große Zwiebel · 2 Sardellenfilets · 1 Dose Tomaten (500 g) · 1 Bund Petersilie · 4 Eßl. Olivenöl · 1 Messersp. Peperoncino (kleine scharfe Paprikaschote, gemahlen) · Salz · 400 g Teigwaren (Spaghetti oder Linguine)

- Zubereitungszeit: 1 Stunde 30 Minuten

So wird's gemacht: Die Tintenfischstreifen auftauen lassen. • Inzwischen die Zwiebel schälen und in dünne Ringe schneiden. • Die Sardellenfilets grob zerkleinern. • Die Tomaten durch ein Sieb passieren. Die Petersilie waschen, trockentupfen und feinhacken. • In einer Kasserolle das Öl heiß werden lassen, die Zwiebelringe so lange braten, bis sie weich, aber nicht braun sind. Die Tintenfischstreifen kurz abbrausen, trocknen und mit den Sardellen in die Kasserolle geben, 10 Minuten unter Rühren braten, dann die Tomaten und die Petersilie dazugeben und mit dem Peperoncino und wenig Salz würzen. Zugedeckt bei milder Hitze je nach Qualität der Calamari 1/2–1 Stunde dünsten. • Inzwischen die Nudeln »al dente« kochen, abseihen, abtropfen lassen und mit den Calamari mischen. Sofort servieren.

Mein Tip Man kann auch Seppie nach diesem Rezept zubereiten. Italienische Hausfrauen kochen gerne die doppelte Menge dieser Spezialität. Sie mischen die Nudeln mit dem Großteil der Sauce und servieren den Tintenfisch als zweiten Gang.

Für den Urlaub im Süden

Meinen Freunden, die wie wir Stammgäste auf einem Campingplatz in Süditalien sind, habe ich mein Buch »Echt italienisch kochen« mitgebracht. Es machte sofort die Runde unter allen deutschen Zeltlern. Jeder kam zu mir und wollte ein Exemplar davon. Besonders Männer, die sich im Urlaub gerne als Hobbyköche versuchen, waren scharf auf die Rezepte. So waren die wenigen Bücher, die ich dabeihatte, sofort »vergriffen«. Da kam mir der Gedanke, in meinem neuen Buch ein Kapitel den Selbstversorgern im sonnigen Süden zu widmen. Unsere Landsleute haben doch überall dieselben Probleme, ob sie ihre Ferien in Spanien, Italien oder Griechenland verbringen: Der Kofferraum ihrer Autos ist vollgepackt mit Konserven, aber bei 40 Grad im Schatten schmecken auch die besten nicht mehr. Andererseits quellen die bunten einheimischen Märkte über von Gemüse, Gewürzen und Obst, Frischkäse und Fischen, bei deren Anblick einem schon das Wasser im Munde zusammenläuft. Man möchte so gerne »aus dem Korb des Landes« leben, was für den Urlauber bekanntlich auch viel gesünder und preiswerter ist. Nur, wie kann man aus all diesen köstlichen Zutaten mit wenig Zeitaufwand eine Mahlzeit zubereiten, die auch unserem Geschmack Rechnung trägt?

Im folgenden Kapitel biete ich deshalb ein paar Rezepte an, die beiden Anforderungen gerecht werden. Was Sie brauchen, finden Sie im ganzen Mittelmeerraum. Und sollte es in Ihrem Urlaubsort schwierig sein, Nudeln aufzutreiben, so können Sie diese jedenfalls leichter transportieren als Konserven.

Auch in den Kapiteln »Nudeln mit Meeresfrüchten« und »Rezepte für eilige Leute« werden Sie Gerichte finden, die schnell zuzubereiten sind, und die bei hochsommerlichen Temperaturen ausgezeichnet schmecken.

Penne mit Oliven und Kapern

In der Umgebung von Salerno gibt es große Tomatenfelder. Schon am frühen Morgen werden die reifen Früchte gepflückt und sofort in den Fabriken zu »Pelati« (geschälte Tomaten in der Dose) verarbeitet. Hier kann man auch Basilikum büschelweise für wenig Geld kaufen. Auf einem Campingplatz in dieser Gegend habe ich dieses Gericht bei italienischen Freunden kennengelernt.

750 g reife Tomaten (längliche Form) · 100 g schwarze Oliven · 3 Knoblauchzehen · 1 Bund Petersilie · 2 Bund Basilikum · 400 g Penne oder Ditali · 5 Eßl. Olivenöl · 2 Eßl. Kapern · Salz · knapp 1 Messersp. Peperoncino (kleine scharfe Paprikaschote, gemahlen)

- Zubereitungszeit: 30 Minuten

So wird's gemacht: Die Tomaten waschen, halbieren und die grünen Stengelansätze entfernen. Jede Hälfte in vier Streifen und diese Streifen in 3 Stücke schneiden. Auf ein Sieb geben und abtropfen lassen. Die Oliven entkernen, grob zerkleinern. Die Knoblauchzehen schälen, ganz lassen, die Petersilie und das Basilikum waschen, beides feinhacken. • Die Nudeln »al dente« kochen. • Inzwischen in einer kleinen Kasserolle das Öl heiß werden lassen. Die Knoblauchzehen so lange braten, bis sie hellbraun werden, dann entfernen. Die Kapern, die Oliven und 1/4 der gehackten Kräuter dazugeben, mit Salz und Peperoncino würzen. Bei milder Hitze braten lassen. • Kurz bevor die Nudeln gar sind, die gut abgetropften Tomaten und den Rest der Kräuter in die Kasserolle geben, bei guter Hitze 2–3 Minuten braten. • Die Nudeln abgießen, abtropfen lassen, in eine vorgewärmte Schüssel geben, mit den Tomaten, die noch beinahe roh sein sollten, mischen und sofort servieren. Das Gericht wird ohne Käse gegessen.

Spaghetti mit rohen Tomaten

Ein ideales Campinggericht. Man kann die Sauce schon am Morgen vorbereiten und braucht nur mehr die dünnen »Vermicelli« zu kochen, wenn man vom Strand zurückkommt.

600 g reife Tomaten (längliche Form) · 1 Bund Basilikum · 1 Bund Petersilie · 2 Knoblauchzehen · 4 Eßl. Olivenöl · Salz · frisch gemahlener Pfeffer · 400 g dünne Spaghetti (Nr. 3)

- Vorbereitungszeit: 15 Minuten
- Ruhezeit: 2–3 Stunden
- Zubereitungszeit: 15 Minuten

So wird's gemacht: Ein paar Stunden vor Gebrauch die Tomaten in kochendes Wasser tauchen, enthäuten, vierteln, dabei die Samen und die grünen Stengelansätze entfernen, abtropfen lassen. Das Basilikum und die Petersilie ganz kurz abbrausen, mit Küchenkrepp abtrocknen und feinschneiden. Die Knoblauchzehen schälen und feinhacken. In einer Schüssel, die groß genug ist, um auch die gekochten Nudeln aufzunehmen, die Tomaten, die Kräuter, den Knoblauch, das Olivenöl mit dem Salz und dem Pfeffer gut mischen und 2–3 Stunden oder länger zugedeckt ruhen lassen. • Die Spaghetti »al dente« kochen, abgießen. Gut abgetropft unter die Tomaten mischen. Sofort servieren.

Linguine mit Tomaten und Kräutern

Sie sind eine Spezialität aus Positano. Da man die Sauce bereits am Morgen zubereiten kann und im Süden die Zutaten überall frisch und preiswert bekommt, gehört auch dieses Rezept in mein Campingküchen-Repertoire.

750 g reife Tomaten (längliche Form) · je 1 großer Bund Basilikum und Petersilie · 1–2 Knoblauchzehen · 1/2 Gemüsezwiebel · 1 Stange Bleichsellerie · 4 Eßl. Olivenöl · 1 Teel. frischer (oder 1/2 Teel. getrockneter) Oregano · Salz · frisch gemahlener Pfeffer · 400 g Linguine oder Spaghetti

- Vorbereitungszeit: 15 Minuten
- Ruhezeit: 3–4 Stunden
- Zubereitungszeit: 15 Minuten

So wird's gemacht: Ein paar Stunden vor Gebrauch die Tomaten kurz in kochendes Wasser tauchen, enthäuten, die Samen und die grünen Stengelansätze entfernen, in Stücke teilen und in einem Sieb abtropfen lassen. Das Basilikum und die Petersilie abbrausen, sofort mit Küchenkrepp trockentupfen und feinschneiden. Die Knoblauchzehen und die Zwiebel schälen und feinhacken. Den Sellerie putzen, waschen und ebenfalls feinhacken. In einer Schüssel, die groß genug ist, um später die gekochten Teigwaren aufzunehmen, die

Tomaten, die Kräuter, die Knoblauchzehen, die Zwiebel und den Sellerie mit dem Öl mischen. Mit dem Oregano, dem Salz und dem Pfeffer gut würzen. Zugedeckt 2–3 Stunden ziehen lassen. • Die Nudeln »al dente« kochen, abgießen, abtropfen lassen und sofort mit den Tomaten gut verrühren. Ohne Käse servieren.

Mein Tip Man kann das Gericht abwandeln, wenn man 1 Eßlöffel Kapern, 1 Eßlöffel gehackte Oliven und nach Belieben Thunfisch zur Sauce gibt.

Linguine mit Sahne und Basilikum

3 Bund frisches Basilikum · 400 g Linguine oder Vermicelli (feine Nudeln) · 100 g Butter · 1/4 l Sahne (Süßrahm) · Pfeffer · 2 Eßl. frisch geriebener Pecorino (Schafkäse)

● Zubereitungszeit: 30 Minuten

So wird's gemacht: Das Basilikum waschen. Die Blätter abzupfen und feinhacken. • Die Nudeln »al dente« kochen. • Inzwischen in einem Pfännchen die Butter schmelzen lassen (sie darf nicht braun werden), in einem anderen die Sahne leicht erwärmen. • Die Nudeln abgießen, gut abtropfen lassen und in eine feuerfeste Servierschüssel geben. Mit der geschmolzenen Butter, der Sahne, dem Basilikum, reichlich frisch gemahlenem Pfeffer und dem Käse gut mischen. Zugedeckt auf der noch warmen (nicht heißen) Kochplatte 5 Minuten ziehen lassen. Ohne Käse servieren.

Mein Tip Sollten Sie kein frisches Basilikum zur Verfügung haben (getrocknetes ist für dieses Gericht absolut ungeeignet), können Sie einen großen Bund großblättrige Petersilie verwenden und die Sahne mit einer Prise frisch gemahlener Muskatnuß würzen.

Nudeln mit Tomaten und Mozzarella

Ein sommerliches Gericht, das vorzüglich schmeckt, wenn man gut ausgereifte Tomaten und frisches Basilikum verwendet. Das Rezept stammt aus der Gegend von Paestum, wo die beste Mozzarella hergestellt wird.

500 g reife Tomaten (längliche Form) · 1 Mozzarella (Weichkäse aus Büffelmilch) · 2 Knoblauchzehen · 1 Bund Basilikum · 1 Eßl. Olivenöl · Salz · 1 Messersp. Peperoncino (kleine scharfe Paprikaschote, gemahlen) · 400 g Nudeln (Ditali, Hörnchen) · 3 Eßl. geriebener Parmesankäse · 2 Eßl. Butter

● Zubereitungszeit: 30 Minuten

So wird's gemacht: Die Tomaten kurz in kochendes Wasser tauchen. Abtropfen lassen, enthäuten, in Achtel schneiden, dabei die Samen und grünen Stengelansätze entfernen. Mozzarella in ganz kleine Würfel schneiden.

Die Knoblauchzehen schälen, ganz lassen. Die Basilikumblätter waschen und feinhakken. • In einer flachen, weiten Kasserolle, die man auch zu Tisch bringen kann, das Öl erhitzen, die Knoblauchzehen so lange braten, bis sie braun sind, dann entfernen. Die Tomaten dazugeben, mit Salz und Peperoncino würzen, bei milder Hitze zugedeckt etwa 15 Minuten im eigenen Saft dünsten lassen. • Inzwischen die Nudeln »al dente« kochen. Abgießen und mit den Mozzarellawürfelchen zu den Tomaten geben. So lange kräftig rühren, bis der Käse geschmolzen ist. • Dann den Parmesankäse, die Butter in Flöckchen und das Basilikum untermischen. Sofort servieren.

Spaghetti mit Tomaten und Oregano

Auf der italienischen Speisekarte finden Sie das Gericht als »Spaghetti alla pizzaiola«

750 g reife Tomaten (längliche Form) · 4 Knoblauchzehen · 5 Eßl. Olivenöl · Salz · Pfeffer · 1 Teel. Oregano · 400 g Spaghetti

- Zubereitungszeit: 30 Minuten

So wird's gemacht: Die Tomaten waschen, halbieren und die grünen Stengelansätze entfernen. Jede Hälfte in vier Streifen und diese in 4 Stücke schneiden. In ein Sieb geben und abtropfen lassen. • Die Knoblauchzehen schälen und sehr fein hacken. • In einer Kasserolle das Öl erhitzen. Den Knoblauch kurz anbraten, er darf nicht braun werden. Die Tomaten dazugeben und mit Salz, Pfeffer und Oregano würzen. Zugedeckt bei milder Hitze dünsten lassen. • Inzwischen die Nudeln »al dente« kochen, abgießen und in eine Schüssel geben. Mit der Sauce gut mischen und sofort servieren. Kenner nehmen auch zu diesem Gericht keinen Käse.

Nudeln mit Tomaten und Basilikum

1 kg reife Tomaten (längliche Form) · Mindestens 3 Bund Basilikum · 2 Knoblauchzehen · 400 g kurze Teigwaren (Ditali) · 8 Eßl. Olivenöl · Salz · 1 Messersp. Peperoncino (kleine scharfe Paprikaschote, gemahlen)

- Zubereitungszeit: 45 Minuten

So wird's gemacht: Die Tomaten kurz in kochendes Wasser tauchen, enthäuten, vierteln, die grünen Stengelansätze entfernen, auf ein Sieb geben und gut abtropfen lassen. • Das Basilikum nur kurz abbrausen und sofort mit Küchenkrepp trocknen (es verliert sonst sein Aroma!). Die Blätter abzupfen und grob schneiden. Die Knoblauchzehen schälen, sehr fein hacken oder auspressen. • Die Nudeln »al dente« kochen. • Inzwischen in einer Kasserolle das Öl heiß werden lassen. Die Knoblauchzehen kurz anbraten, sie dürfen dabei aber nicht braun werden. Die Tomaten und das Basilikum dazugeben. Mit dem Salz und dem Peperoncino würzen. Bei milder Hitze 15 Minuten zugedeckt kochen lassen. • Die Nudeln abgießen, gut abtropfen lassen. Auf vier Teller verteilen. Den Tomatensugo darübergeben, sofort servieren. Man ißt auch dieses Gericht ohne geriebenen Käse.

Nudeln fernöstlich

Es wäre vermessen, sich im Rahmen dieses kleinen Buches mit der Eigenart und Vielfalt der chinesischen Küche auseinandersetzen zu wollen. Andererseits kann man aber nicht über Nudeln schreiben, ohne zu versuchen, gerade dieser Küche die ihr gebührende Ehre zu erweisen, denn in China gab es schon lange Nudelspezialitäten (Bild Seite 45), ehe die Italiener von Makkaroni geträumt haben.

Man muß aber nicht unbedingt passionierter Liebhaber der Chinaküche sein, um chinesische Rezepte auszuprobieren. Im Norden des Landes wird nicht sehr scharf gewürzt. Fisch, Fleisch und Gemüse werden kleingeschnitten und in wenig Fett nur kurz gegart. Das macht die Speisen bekömmlich und auch für kalorienbewußte Genießer geeignet. Die Vorbereitung erfordert etwas Geduld, muß aber nicht unbedingt kurz vor dem Essen stattfinden. Es empfiehlt sich, alle Zutaten in der richtigen Reihenfolge bereitzustellen, dann macht die Zubereitung auch für Ungeübte keine Schwierigkeiten.

Ich habe aus dem unerschöpflichen Angebot ein paar Rezepte ausgewählt, die bei meinen Gästen besonders beliebt sind und die sich auch dort gut nachkochen lassen, wo man nicht in speziellen Chinaläden einkaufen kann. Jedes größere Warenhaus bietet heute zumindest Glasnudeln, getrocknete Chinapilze, konservierte Wasserkastanien, Bambus- und Sojasprossen an, die lange gelagert werden können. Tabasco-, Sojasauce und trockener Sherry gehören zum Gewürzsortiment jeder kulinarisch interessierten Hausfrau, und wenn sie keine chinesischen Weizen- oder Eiernudeln kaufen können, können Sie auch auf ähnliche einheimische Produkte ausweichen. Puristen der Chinaküche mögen mir diese »Entgleisung« verzeihen.

Gebratene Nudeln mit Kastanien

250 g Chinakohl · 15 Wasserkastanien (Dose) · 100 g Bambussprossen (Dose) · 3 Tassen Hühnerbrühe · 1/2 Teel. Salz · 1 Teel. Glutamat · 1 Teel. Zucker · 2 Eßl. Stärkemehl · 250 g chinesische Eiernudeln · 4 Eßl. Öl · 150 g Krabben, tiefgefroren oder aus der Dose

- Zubereitungszeit: 45 Minuten

So wird's gemacht: Den Chinakohl waschen, in ganz dünne Streifen schneiden. Die Wasserkastanien und die Bambussprossen abtropfen lassen, in Scheibchen schneiden. • Die Hühnerbrühe mit dem Salz, dem Glutamat und dem Zucker verrühren. • Das Stärkemehl mit 3 Eßlöffeln kaltem Wasser glattrühren. • Die Nudeln in kochendem Salzwasser 3–4 Minuten kochen, dann ohne Hitze 2 Minuten ziehen lassen. Abgießen und gut abtropfen lassen. • In einer Kasserolle 1 Eßlöffel Öl heiß werden lassen, den Chinakohl 5 Minuten unter Rühren darin braten. Die Kastanien und die Bambussprossen dazugeben, die gewürzte Hühnerbrühe angießen. Gut umrühren, bei milder Hitze 10 Minuten schmoren lassen. • Inzwischen in einer Pfanne das restliche Öl sehr heiß werden lassen und darin die abgetropften Nudeln unter ständigem Rühren goldgelb, aber nicht braun, braten. • Das Krabbenfleisch mit der angerührten Stärke zum Gemüse geben. Kurz aufkochen, dann zugedeckt 2 Minuten ziehen lassen. Auf die gebratenen Nudeln geben und servieren.

Liebhaber der chinesischen Küche finden die nötigen Zutaten in Spezialabteilungen größerer Warenhäuser. ▷

Nudelsuppe mit Schalotten und Eiern

250 g Eiernudeln · 4 Eier · 250 g Schalotten · 1 Eßl. Öl · 5 Tassen Brühe · 2 Teel. Sojasauce · 1 Prise Pfeffer, frisch gemahlen · Sesamöl

● Zubereitungszeit: 30 Minuten

So wird's gemacht: Die Nudeln in Salzwasser knapp »al dente« kochen, mit kaltem Wasser gut abbrausen. • Die Eier wachsweich (je nach Größe 3 1/2–4 Minuten) kochen, in kaltem Wasser abschrecken, schälen und vierteln. • Die Schalotten schälen, vierteln, waschen, gut abtrocknen und quer in 1/2 cm breite Streifen schneiden. • In einer Pfanne das Öl erhitzen. Die Schalotten unter Rühren 4–5 Minuten braten. • Gleichzeitig die Brühe zum Kochen bringen. Mit der Sojasauce, dem Pfeffer und einigen Tropfen Sesamöl würzen. • Die Nudeln und die Eier darin kurz aufwärmen. Auf Portionsschüsseln verteilen und die Schalotten darübergeben.

Mein Tip Ich koche diese Suppe gerne zu Ostern. Der Markt liefert frische Schalotten und der Osterhase meist viel zu viele Ostereier.

Varianten: Man kann die Eier durch Reste von gekochtem Huhn ersetzen, die man in kleine Würfel schneidet. Im Winter lassen sich die Schalotten durch feingeschnittenen Chinakohl ersetzen.

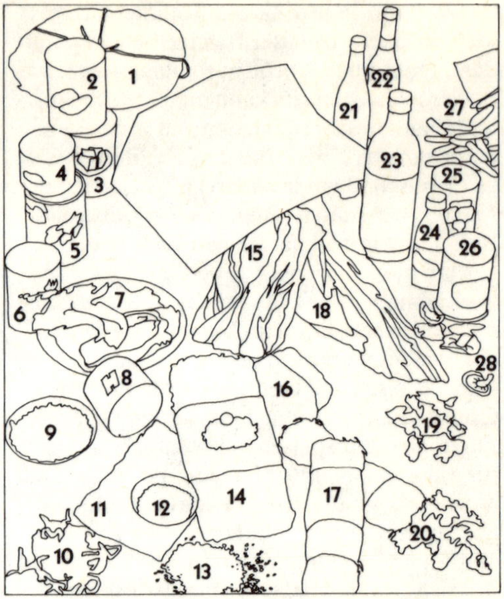

1 Greenbeans Starch Sheet (Blätter aus Mungabohnenstärke)
2 Bittermelonen
3 Wintermelone
4 Chinakohl mit Chilli
5 Lotuswurzeln
6 Mixed Pickles
7 Sawi Asin (Kohl in Salzlake)
8 Hoisin Sauce
9 Schwarze Bohnen, gesalzen
10 Lilienblüten
11 Getr. Haifischflossen
12 5 Gewürze Mischung (Fenchel-Anis-Zimt-Nelken-Pfeffer)
13 Sesam Samen
14 Reis Eiernudeln
15 Kohl (Sawi Asin)
16 Eiernudeln (Weizenmehl)
17 Glasnudeln
18 Seegras (getrocknet und gesalzen, muß eingeweicht werden!)
19 Strohpilze
20 Muer (schwarze Pilze)
21 Mushroom Sojasauce
22 Superior Sojasauce
23 Reiswein
24 Sesamöl
25 Austernpilze
26 Golden Mushrooms
27 Reiskuchen, getrocknet (muß eingeweicht werden)
28 Toong Gu Pilze

BITTER MELON
SIN KIM HUAT
紹興酒
生抽王

◁ Schweizer Nudelsalat mit Radieschen, Tomaten, frischen Kräutern und natürlich Schweizer Käse – ein Gericht für heiße Sommertage, Rezept Seite 67.

Nudelsuppe mit Fleisch und Gemüse

5–6 getrocknete schwarze Pilze · 250 g Eiernudeln · 100 g Bambussprossen (Dose) · 100 g Wasserkastanien (Dose) · 250 g Chinakohl · 200 g mageres Schweinefleisch · 5 Tassen Brühe · 1 Teel. Sojasauce · ½ Teel. Salz · 1 Prise Pfeffer, frisch gemahlen · ½ Teel. Sesamöl

- Zubereitungszeit: 45 Minuten

So wird's gemacht: Die Pilze in lauwarmem Wasser einweichen. • Die Nudeln in Salzwasser »al dente« kochen, mit kaltem Wasser gut abbrausen. • Die Bambussprossen, die Wasserkastanien und die eingeweichten Pilze gut abtropfen lassen und alles in dünne Scheiben schneiden. • Die Blätter des Chinakohls gut waschen, trockenschleudern. Zuerst der Länge nach zweimal durchschneiden, dann in 1 cm breite Streifchen schneiden. Das Schweinefleisch in dünne Scheiben schneiden. • Die Brühe aufkochen lassen. Zuerst das Fleisch, dann nach 5 Minuten das Gemüse und die Pilze zugeben, zugedeckt weitere 5 Minuten ziehen lassen. • Die Sojasauce mit dem Salz, dem Pfeffer und dem Sesamöl verrühren und die Suppe damit würzen. Nun die Nudeln zu der Suppe geben und darin kurz aufkochen lassen.

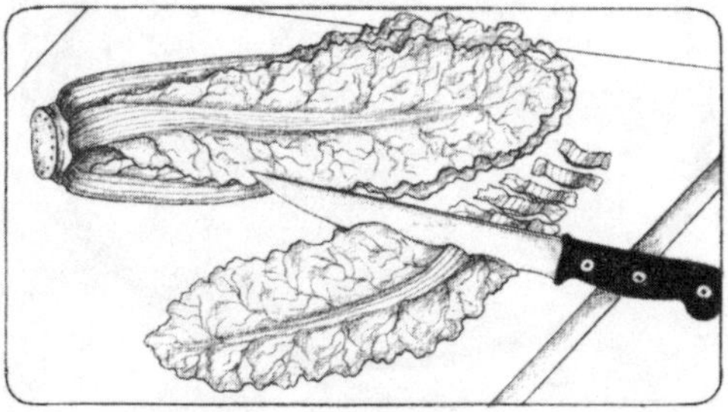

Vom Chinakohl werden die einzelnen Blätter – je nach benötigter Menge – in Streifen geschnitten.

Nudeln mit Gemüse und Krabben

6–8 chinesische Pilze · 1 Knoblauchzehe · 2 kleine Möhren (Karotten) · 1 Stange Lauch · etwa 100 g junger Spinat · 150 g mageres Schweinefleisch (Schnitzel, dünn geschnitten) · 100 g Krabben (tiefgefroren oder aus der Dose) · ½ Tasse Bohnensprossen, frisch oder aus der Dose · 200 g chinesische Eiernudeln · ½ Teel. Zucker · ½ Teel. Sesamöl · 2 Eßl. Reiswein oder Sherry · ½ Tasse Hühnerbrühe · Glutamat · Salz · Pfeffer · 4 Eßl. Öl

- Vorbereitungszeit: 30 Minuten
- Zubereitungszeit: 10 Minuten

So wird's gemacht: Die Pilze in lauwarmem Wasser einweichen. • Die Knoblauchzehe schälen, feinhacken. Die Möhren schaben, in feine Stifte schneiden oder auf der Rohkostreibe grobreiben. Den Lauch waschen, diagonal in feine Streifen schneiden. Den Spinat verlesen, gut waschen, trockenschleudern. Grobe Stiele entfernen, in fingerbreite Streifen schneiden. • Das Schweinefleisch quer zur Faser in feine Streifen schneiden. • Die Dosenkrabben und die Bohnensprossen abtropfen lassen. • Die Nudeln nach Vorschrift kochen, abschrecken und abtropfen lassen. • Die

Pilze ausdrücken und in Stücke schneiden. • Aus dem Zucker, dem Sesamöl, dem Reiswein oder Sherry und der Hühnerbrühe eine Sauce anrühren, mit Glutamat, Salz und Pfeffer würzen. • In einer Pfanne 2 Eßlöffel Öl sehr heiß werden lassen, den Knoblauch kurz anbraten, salzen, das Gemüse und die Pilze dazugeben und unter Rühren 1–2 Minuten braten, dann warm stellen. • In einer zweiten Pfanne das restliche Öl erhitzen. Zuerst das Fleisch kurz anbraten, dann die Krabben und die Nudeln dazugeben und mitbraten. Das Gemüse untermischen, mit der Sauce ablöschen. 1 Minute zugedeckt ziehen lassen, dann sofort servieren.

Nudeln mit Rindfleisch und Zwiebeln

200 g Rinderfilet · 2 Eßl. Sojasauce · 1 Teel. Stärkemehl · 200 g chinesische Eiernudeln · 3 mittelgroße Gemüsezwiebeln · 4 Eßl. Öl · 1 Teel. Sesamkörner · Pfeffer

- Vorbereitungszeit: 20 Minuten
- Zubereitungszeit: 15 Minuten

So wird's gemacht: Das Rindfleisch in 3 mm dicke Scheibchen und diese in feine Streifen schneiden. Aus 1 Eßlöffel Sojasauce und dem Stärkemehl eine Sauce rühren, mit dem Fleisch gut mischen und 15 Minuten marinieren lassen. • Inzwischen die Nudeln in Salzwasser nach Vorschrift kochen, abseihen, gut abtropfen lassen. • Die Zwiebeln schälen, quer halbieren und in 1/2 cm breite Streifchen schneiden. • 1 Eßlöffel Öl in einer Pfanne erhitzen. Die Zwiebeln braten, salzen, beiseite stellen. • In einer anderen Pfanne 2 Eßlöffel Öl erhitzen. Das Fleisch unter ständigem Rühren kurz braten, die Sesamkörner darüberstreuen, dann alles zu den Zwiebeln geben. Mit der restlichen Sojasauce und einer Prise Pfeffer würzen, warmstellen. • Im restlichen Öl die Nudeln braten. Mit dem Zwiebelfleisch servieren.

Schweinefleisch mit Glasnudeln

300 g mageres Schweinefleisch (Schulter) · 1 große Gemüsezwiebel · 1 Knoblauchzehe · 2 Scheiben frische Ingwerwurzel · 2 Teel. Curry · Salz · Pfeffer · etwa 100 g Glasnudeln · 3 Eßl. Sojasauce · 3 Eßl. Reiswein oder Sherry · 2 Eßl. Zucker · 1 Eßl. Maisstärke · 1/2 Tasse Wasser · 1 Messersp. Glutamat · 2–3 Tropfen Tabascosauce · 100 g Erbsen (frisch oder tiefgefroren) · 100 g Bohnensprossen · 5 Eßl. Öl

- Zubereitungszeit: 1 Stunde

Die Bohnensprossen aus der Dose werden nur kurz abgebraust und dann weiterverwendet.

So wird's gemacht: Das Schweinefleisch in feine Streifen schneiden. Die Zwiebel quer halbieren, dann in Streifen schneiden. Den Knoblauch schälen, zerdrücken. Den Ingwer schälen und feinhacken. • Die Zwiebel, den Knoblauch und den Ingwer mit dem Curry, Salz und Pfeffer gut verrühren, das Fleisch gut damit vermischen und 15 Minuten marinieren lassen. • Die Glasnudeln etwa fingerlang schneiden und in Salzwasser nach Vorschrift kochen. Mit kaltem Wasser kurz abschrekken. • Aus der Sojasauce, dem Reiswein oder Sherry, dem Zucker, der Maisstärke und dem Wasser eine Sauce anrühren. Mit Salz, Glutamat und der Tabascosauce würzen. • Die Erbsen knapp garkochen. • Die Bohnensprossen abtropfen lassen. • 2 Eßlöffel Öl in einer Pfanne erhitzen, salzen. Die Erbsen und die Bohnensprossen 3 Minuten scharf braten. Die Glasnudeln dazugeben und warmstellen. • Das restliche Öl in einer Pfanne erhitzen, das Fleisch mit der Marinade unter ständigem Rühren 2 Minuten braten. Die Sauce dazugeben, 1 Minute ziehen lassen. Über das Nudelgemüse geben. Servieren.

Gebratene Nudeln mit Bambussprossen

150 g Schweinefleisch (Schulter) · 150 g Hühnerbrust · Sojasauce · 3 1/2 Teel. Maisstärke · Salz · 5–6 getrocknete schwarze Pilze · 150 g Krabben aus der Dose · 100 g frische oder tiefgefrorene Erbsen · Reiswein oder Sherry · 100 g Bambussprossen aus der Dose · 1/2 l leichte Brühe · 1 Prise Glutamat · 250 g chinesische Nudeln · 5 Eßl. Öl

- Zubereitungszeit: 1 Stunde

So wird's gemacht: Das Schweinefleisch und das Hühnerfleisch in Streifen schneiden. • Aus 1 Teelöffel Sojasauce und 1 Teelöffel Maisstärke eine Marinade rühren, mit dem Schweinefleisch mischen und darin ziehen lassen. • Die Hühnerfleischstreifchen mit 1/2 Teelöffel Stärke und einer Prise Salz verrühren. • Die Pilze in lauwarmem Wasser einweichen. • Die Krabben abtropfen lassen. Die Erbsen knapp garkochen, abgießen. • Aus 1 Teelöffel Wein und 1 Teelöffel Stärke eine Sauce rühren und die Krabben darin marinieren lassen. • Die Bambussprossen in dünne Scheiben schneiden. Aus der Brühe, 2 Teelöffeln Stärke, 2 Eßlöffeln Sojasauce, 2 Eßlöffeln Wein, dem Glutamat und Salz eine Sauce mischen. • Die Nudeln kochen, abgießen und abtropfen lassen. • In einer Pfanne die Hälfte des Öls heiß werden lassen und nacheinander das Fleisch, die Krabben und das Gemüse dazugeben. Bei guter Hitze braten. • In einer 2. Pfanne die Nudeln in dem restlichen Öl wie ein Omelett zuerst auf der einen Seite braun braten, dann wenden. • Inzwischen die Sauce zum Fleisch geben und aufkochen lassen. Auf einem großen Teller über den gebratenen Nudeln anrichten.

Noch nicht ganz Nudeln

In österreichischen Kochbüchern findet man sie unter »Vorarlberger Spatzln«, in bayerischen unter »Allgäuer Spätzle«. In Baden-Württemberg firmieren sie ganz einfach unter dem Namen »Spätzle«. Denn für den Schwaben sind sie so wichtig wie für den Tiroler die Knödel oder für den Neapolitaner die Makkaroni. Alle Versionen werden mehr oder weniger aus dem gleichen Teig hergestellt, sieht man von dem Sparrezept meiner Urgroßmutter ab, die für ihre Riesenfamilie aus viel Mehl und Wasser mit einem einzigen Ei ihre »Spatzln« zubereiten mußte. Derart spartanische Mengenangaben kann man noch in alten Kochbüchern finden. Heute hingegen empfiehlt eine weitverbreitete Faustregel für sogenannte Eierspätzle 1 Ei pro 100 g Mehl.

Die Bezeichnung »Spätzle« ist unverkennbar schwäbisch, und meist beherrscht auch nur eine echte Schwäbin die Technik, sie perfekt zu formen. Der Teig muß demnach ganz flink mit dem Messer von einem nassen Küchenbrett in das kochende Salzwasser geschabt werden. Die Österreicher, die von »schaffa und spara« nicht so viel halten, verwenden dazu einen arbeitssparenden »Hobel«, und was dabei herauskommt, heißt dann »Spatzln«. Die Schweizer drücken, ihrer Mentalität entsprechend, den Teig langsam und kräftig durch ein Sieb und nennen das Produkt »Knöpfli«. Im Osten der Donaumonarchie, wo man es deftig liebt, sticht man je nach Temperament mit einem Tee- oder Eßlöffel »Nockerl« oder »Nocken« aus dem Teig. Der Wiener schließlich mag es lieber fein, aber doch bequem. Dort wird der Teig ganz einfach ausgewalkt und nach Lust und Laune mit dem Rädchen zu »Fleckerln« geschnitten.

Spätzle hausgemacht

500 g Mehl · 5 Eier · 1 Teel. Salz · etwa 1 Tasse lauwarmes Wasser

- Zubereitungszeit: 30 Minuten

So wird's gemacht: In einer Rührschüssel das Mehl, die Eier, das Salz und das Wasser mit dem Kochlöffel oder dem Knethaken des Handrührgerätes rasch zu einem glatten Teig verarbeiten, der aber nicht zu fest werden soll. Bei Bedarf noch etwas Wasser zufügen. Den Spätzleteig entweder vom Brett in das kochende Salzwasser schaben oder durch ein Sieb drücken. Sobald die Spätzle an die Oberfläche kommen, sind sie gar, werden mit dem Schaumlöffel herausgenommen und weiterverarbeitet.

Mein Tip Der Spätzleteig darf nicht zu lange geschlagen werden und soll auch vor dem Kochen nicht stehenbleiben, sonst wird er zäh.

Käsespätzle

2–3 Zwiebeln · 65 g Butter · 500 g Mehl · 5 Eier · 1 Teel. Salz · etwa 1 Tasse lauwarmes Wasser · 200–250 g geriebener Emmentaler

- Zubereitungszeit: 45 Minuten

So wird's gemacht: Die Zwiebeln schälen, in dünne Ringe schneiden und in der Hälfte der

Butter goldbraun braten. Die Spätzle nach dem Gundrezept (Seite 50) zubereiten, in der restlichen Butter schwenken, abwechselnd mit reichlich geriebenem Käse lagenweise in eine vorgewärmte Schüssel geben, mit den Zwiebelringen bestreuen und zugedeckt kurz ziehen lassen, damit der Käse schmelzen kann. Nach 5 Minuten servieren.

Mein Tip Wenn Sie statt Käse gekochtes, gut gewürztes Sauerkraut verwenden, nennt sich das Gericht »Krautspätzle«.

Spätzle mit Schafkäse

Ob die reiselustigen Schwaben ihr Nationalgericht auch in Ungarn verbreitet haben? Das Rezept stammt jedenfalls von einer alten Dame aus Budapest, deren Vorfahren aus Deutschland eingewandert sind.

350 g Mehl · 2 Eier · Salz · Wasser · 1 Bund Dill · 200 g frischer Schafkäse · 75 g gut durchwachsener geräucherter Speck · 3 Eßl. Butter · ¼ l saure Sahne · Pfeffer

- Zubereitungszeit: 45 Minuten

So wird's gemacht: Das Mehl mit den Eiern, Salz und etwas Wasser zu einem glatten Spätzleteig verarbeiten (Grundrezept S. 50). • Reichlich Salzwasser zum Kochen bringen. • Mit dem Spätzlehobel den Teig in das sprudelnd kochende Wasser hobeln. Sobald die Spätzle an die Oberfläche kommen, mit dem Schaumlöffel herausnehmen, mit kaltem Wasser abbrausen, gut abtropfen lassen und in eine Schüssel geben. • Den Dill waschen und feinwiegen. • Den Schafkäse zerbröckeln. • Den Speck in kleine Würfel schneiden. • In einem Pfännchen 1 Eßlöffel Butter erhitzen, den Speck darin ausbraten, zu den Spätzle geben. • Die Hälfte der Sahne und die Hälfte des Dills gut unter die Spätzle rühren. • Die restliche Butter gut mit Pfeffer und Salz würzen und in einem Pfännchen schmelzen lassen. • Eine Auflaufform mit Butter auspinseln, die Spätzle einfüllen, den Schafkäse und den restlichen Dill darüberstreuen. Mit der flüssigen Butter und der restlichen sauren Sahne beträufeln. • Im vorgeheizten Backofen bei mittlerer Hitze (175° C) 8–10 Minuten ziehen lassen.

Gaisburger Marsch

Dieses nahrhafte Gericht verdankt die Küche angeblich einer List schwäbischer Frauen. Während eines Krieges sollen alle Männer von Gaisburg, einem Stadtteil von Stuttgart, interniert worden sein. Ihre Ehefrauen durften ihnen zwar einmal täglich zu essen bringen, jedoch nur in einem Topf. In den kam natürlich alles, was gut und nahrhaft war, und so entstand dieser deftige Eintopf.

2–3 Suppenknochen · 500 g Rindfleisch (Bug) · 1 große Zwiebel · 1½ l Wasser · Salz · Muskatnuß · 1 Gewürznelke · 2 Stangen Lauch · 2 Möhren (Karotten) · 1 mittelgroße Sellerieknolle · 300 g Mehl · 3 Eier · 2–3 Kartoffeln (250 g) · 1 Bund Schnittlauch

- Zubereitungszeit: $1^1/_2$–2 Stunden (je nach Fleischqualität)

So wird's gemacht: Die Knochen und das Fleisch abbrausen. • Die Zwiebel schälen und grobschneiden. • Die Knochen mit der Zwiebel in einen Topf geben, das Wasser aufgießen und zum Kochen bringen. Jetzt das Fleisch dazugeben, mit Salz, Muskatnuß und der Nelke würzen, und zugedeckt bei milder Hitze kochen lassen. • Inzwischen den Lauch halbieren, gründlich waschen, die Wurzelenden entfernen und die weißen Teile in fingerbreite Streifen schneiden. Die Möhren schaben und in Scheibchen schneiden. Die Sellerieknolle unter fließendem Wasser gründlich bürsten, die Blatt- und Wurzelenden entfernen und die Knolle in Stäbchen schneiden. Das ganze Gemüse in den Suppentopf geben. • Aus dem Mehl, den Eiern und $^1/_2$ Teelöffel Salz nach dem Grundrezept (Seite 50) Spätzle herstellen, die nach dem Kochen gut mit kaltem Wasser abgebraust werden müssen. • Die Kartoffeln schälen, in kleine Würfel schneiden und, wenn das Fleisch fast weich ist, in die Suppe geben. • Den Schnittlauch waschen und feinschneiden. • Wenn das Fleisch gar ist, nach etwa 1–$1^1/_2$ Stunden, mit den Knochen aus der Suppe nehmen. Das Fleisch in Würfel schneiden und mit den Spätzle in den Topf zurückgeben. Bei Bedarf nachwürzen und kurz ziehen lassen, bis die Spätzle heiß sind, dann in vorgewärmte Suppentassen verteilen, mit Schnittlauch bestreuen und sofort servieren.

Mein Tip Der Gaisburger Marsch schmeckt so gut, daß Ihre Gäste bestimmt zuviel davon nehmen. Es empfiehlt sich daher, das Essen mit einem Schnäpschen, am besten natürlich mit einem schwäbischen Obstwässerli, abzurunden.

Das Gericht eignet sich gut für eine rustikale Party. Es ist ausgiebig, billig und läßt sich vorbereiten. Die Spätzle werden dann jedoch gesondert aufbewahrt, sie dürfen dabei aber nicht austrocknen. Auch der Schnittlauch kommt erst vor dem Servieren in die Suppe.

Leberknöpfli

Ein deftiges schweizerisches Hauptgericht als Variation zu den süddeutschen Leberspätzle, die man nur als Suppeneinlage kennt.

250 g Rinderleber · 1 Bund Petersilie · 1 Messersp. Majoran · 250 g Mehl · 2 Eier · etwa 1 Tasse Wasser · Salz · 4 Eßl. Butter · 3 Eßl. Semmelbrösel · 1 Bund Schnittlauch

- Vorbereitungs- und Ruhezeit: 1 Stunde 20 Minuten
- Zubereitungszeit: 20 Minuten

So wird's gemacht: Die Leber waschen, enthäuten und schaben oder durch den Fleischwolf drehen. • Die Petersilie waschen und feinhacken und mit dem Majoran unter die Leber mischen. • Das Mehl mit den Eiern, dem Wasser und Salz zu einem glatten Teig verarbeiten. Die Leber unter den Teig mischen. Zugedeckt 1 Stunde ruhen lassen. • Inzwischen in einem Pfännchen 2 Eßlöffel Butter erhitzen, die Semmelbrösel darin goldgelb braten. • Den Schnittlauch waschen und feinschneiden. • Den Teig in ein großlöcheriges Sieb geben und in reichlich kochendes Salzwasser drücken. 5 Minuten kochen lassen und dann mit dem Schaumlöffel herausnehmen. • In einer großen Pfanne die restliche Butter schmelzen, die Knöpfli nach und nach hineingeben und umrühren. • Zum Schluß die gerösteten Semmelbrösel und den Schnittlauch darüberstreuen und servieren.

Tiroler Spinatnockerl

1 Paket tiefgefrorener Spinat (350 g) · 3 Eßl. Milch · 3 Eßl. Butter · 1–2 Eßl. Semmelbrösel · Salz · Pfeffer · Muskatnuß · 150 g gut durchwachsener Speck · 3 Eier · 300 g Mehl · 150 g Emmentaler, frisch gerieben

● Zubereitungszeit: 45 Minuten

So wird's gemacht: Den Spinat mit der Milch und 1 Eßlöffel Butter in eine Kasserolle geben. Zugedeckt bei milder Hitze auftauen und dann bei guter Hitze einmal aufkochen lassen. Die Flüssigkeit mit Semmelbröseln binden. Mit Salz, frisch gemahlenem Pfeffer und geriebener Muskatnuß würzen. In eine Rührschüssel geben und auskühlen lassen. • Den Speck in kleine Würfel schneiden. • In einer weiten flachen Pfanne die restliche Butter erhitzen und die Speckwürfelchen langsam ausbraten, warmstellen. • In einem großen Topf Salzwasser zum Kochen bringen. • Nun die Eier unter den ausgekühlten Spinat rühren, dann rasch mit dem Mehl zu einem geschmeidigen Teig verarbeiten. Portionsweise auf ein angefeuchtetes Schneidbrett geben und mit dem Messerrücken Nockerl in das kochende Salzwasser streichen. Die Nockerl sind gar, wenn sie wieder an die Oberfläche kommen. • Abgießen, kurz mit kaltem Wasser abbrausen, abtropfen lassen und zu den Speckwürfeln geben. Umrühren und 5 Minuten ziehen lassen. Mit dem geriebenen Käse bestreuen und in der Pfanne servieren.

Wiener Schinkenfleckerl

Man soll »Fleckerl« in keiner Version auf den Speisezettel setzen, wenn man keine Zeit oder Lust hat, den Teig »z'Haus« zu machen. So jedenfalls der Rat einer Wiener Freundin, die, wie es sich für eine berufene österreichische Köchin gehört, aus Böhmen stammt.

250 g Mehl · 5 Eier · Salz · Wasser · 100 g Butter · Pfeffer · Muskatnuß · 1/8 l saure Sahne · 200 g gekochter Schinken · 4 Eßl. Semmelbrösel · 3 Eßl. frisch geriebener Parmesan

● Zubereitungszeit: 1 Stunde 15 Minuten

So wird's gemacht: Aus dem Mehl, 2 Eiern, 1 Prise Salz und wenn nötig etwas Wasser einen Nudelteig kneten und diesen halbieren. Beide Hälften mit einem Rollholz nicht zu dünn ausrollen und etwas trocknen lassen. Mit einem scharfen Messer oder einem Teigrädchen in »Fleckerl« von etwa 4 cm Seitenlänge schneiden und in reichlich Salzwasser »al dente« kochen, mit kaltem Wasser abschrecken und gut abtropfen lassen. • Inzwischen die restlichen Eier in Eigelbe und Ei-

Nudelauflauf mit Spiegeleiern, ein »Augen- und Gaumenschmaus«, Rezept Seite 65. ▷

weiße trennen. • 50 g Butter mit den Eigelben schaumig rühren, mit Salz, Pfeffer und Muskatnuß würzen und die saure Sahne unterrühren. • Den Schinken in kleine Würfel schneiden. • Die Eiweiße mit 1 Prise Salz zu festem Schnee schlagen. • Eine Gratinform gut mit Butter ausstreichen, mit 2 Eßlöffeln Semmelbröseln bestreuen, die Schinkenwürfel und den Eischnee unter die Fleckerl heben und alles in die Gratinform geben. Mit Parmesankäse und den restlichen Semmelbröseln bestreuen. Die restliche Butter zerlassen und die Nudelmasse damit beträufeln. • Im vorgeheizten Backofen bei 190 °C etwa 35 Minuten backen.

Variante: Man kann auch in einer Pfanne 250 g feingehackten Schinken in 50 g Butter leicht anbraten. Die nach Rezept gekochten Fleckerl gut abgetropft dazugeben. 1/4 l saure Sahne mit den Gewürzen glattrühren über die Nudeln gießen. Zugedeckt 5 Minuten bei milder Hitze dünsten lassen, dann servieren.

Fleckerl aus dem Burgenland

250 g Mehl · 2 Eier · Salz · Wasser · 100 g gut durchwachsener Räucherspeck · 300 g Kalbfleisch (Hals oder Schulter, ohne Knochen) · 2 Zwiebeln · 3 Tomaten · 2 Paprikaschoten · 1 Eßl. Schmalz · 1 gestrichener Teel. Edelsüßpaprika · Salz · 1/2 Tasse Knochen- oder Würfelbrühe · 2 Eßl. Butter · 100 g frisch geriebener Parmesan- oder anderer Hartkäse

- Zubereitungszeit: 1 Stunde 30 Minuten

So wird's gemacht: Aus dem Mehl, 2 Eiern, 1 Prise Salz und wenn nötig etwas Wasser einen Nudelteig kneten und diesen halbieren. Beide Hälften mit einem Rollholz nicht zu dünn ausrollen und etwas trocknen lassen. Mit einem scharfen Messer oder einem Teigrädchen in »Fleckerl« von etwa 4 cm Seitenlänge schneiden. • Den Speck in kleine Würfel schneiden. Das Kalbfleisch durch den Fleischwolf drehen. • Die Zwiebeln schälen und feinhacken. Die Tomaten kreuzweise einschneiden, kurz in kochendes Wasser tauchen, enthäuten, grob zerkleinern und dabei die grünen Stielenden entfernen. Die Paprikaschoten waschen, vierteln, entkernen und in Streifen schneiden. • In einer Kasserolle das Schmalz heiß werden lassen, den Speck darin leicht anbraten, die Zwiebeln 5 Minuten mitbraten. Das Fleisch dazugeben und so lange rühren, bis es die Farbe verloren hat, dann mit dem Paprika und Salz würzen. Die Tomaten, die Paprikaschoten und die Brühe dazugeben und zugedeckt bei milder Hitze dünsten. • Inzwischen die Teigwaren »al dente« kochen, abgießen, mit kaltem Wasser abschrecken und abtropfen lassen. • Eine Auflaufform gut mit Butter ausstreichen. Sobald das Fleisch mit dem Gemüse gar ist, die Fleckerl und die Hälfte des Käse dazugeben, gut mischen und in die Auflaufform füllen. Den restlichen Käse darüberstreuen. Die Butter in Flöckchen darauf verteilen und alles 10 Minuten im vorgeheizten Backofen (180° C) ziehen lassen. Sofort servieren.

Mein Tip Wenn zuwenig Zeit vorhanden ist, die Fleckerl selbstzumachen, können sie durch Bandnudeln ersetzt werden.

◁ Maultaschen »zu Land« mit Zwiebeln und Semmelbröseln. Rezept Seite 61.

Für sie gilt dasselbe wie für alle Teigwaren: Man weiß nicht so recht, wer sie zuerst erfunden hat. So glauben manche Experten, daß sie durch die Schwaben aus Rußland mitgebracht worden seien. Selbstbewußte Bewohner des »Musterländles« behaupten aber, die russischen Piroggen stammten von den Maultaschen ab. Sicher ist, daß es schon früh enge Verbindungen zwischen schwäbischen und russischen Adelsfamilien gab. Auch die ostjüdische Küche kennt schon seit alter Zeit gefüllte Teigtaschen, von denen die größeren meist mit einer Gemüsefüllung versehen sind, gekocht oder gebacken werden, und sich ebenfalls Piroggen nennen, während die kleineren mit Fleisch gefüllt werden. Diese werden Kreplech, auf deutsch Kräpfchen, genannt, und als Suppeneinlage verwendet. Sie sind eng verwandt mit den italienischen Ravioli, die allerdings auch mit Butter und geriebenem Käse, in einer würzigen Sauce oder überbacken, serviert werden. Auch in Österreich gibt es verschiedene Arten von Teigtaschen. In der Steiermark werden sie mit Fleisch gefüllt, in Oberösterreich mit Lungenhaschee. Man nennt sie dort Schlickkrapferl und ißt sie in Fleischbrühe. In Nord- und Südtirol heißen sie Schlipf- und Schlutzkrapferl, haben eine fleischlose Füllung und werden »trocken« verzehrt. Die chinesische Küche schließlich ist berühmt für ihre Wontons.

Zweifellos ein wichtiges Stück kulinarischer Kulturgeschichte. Ob es jedoch nicht viel interessanter ist, all diese köstlichen Spezialitäten entweder dort zu probieren, wo sie im alten Stil zubereitet werden, oder wenigstens einige nach den folgenden Originalrezepten zu kochen?

Tiroler Schlipf- oder Schlutzkrapfen

Sie haben bei der inländischen Bevölkerung, besonders in Südtirol, ihren festen Platz auf dem Speisezettel. Inzwischen besinnen sich sogar auch wieder viele Wirte auf solche alte, bodenständige Gerichte. Wenn in Gasthäusern hausgemachte Schlutzkrapfen angeboten werden, scheuen Einheimische und Touristen auch weite Wege nicht, um in den Genuß dieser Spezialität zu kommen. Die Bäuerinnen im Pustertal verwenden gekochte, passierte Kartoffeln mit viel Schnittlauch und in Butter gebratene Zwiebeln als Füllung, oder sie mischen gekochten Spinat und frischen Quark unter die Kartoffeln. Meine Mutter, die aus dem Eisacktal stammt, pflegte die Krapfen nur mit gut gewürztem Spinat zu füllen. Da mir auch heute noch diese Art besonders gut schmeckt, gebe ich ihr Rezept an Sie weiter.

150 g Weizen- und 150 g Roggenmehl (oder 300 g Weizenmehl) · 4 Eier · 1 Prise Salz · 500 g Spinat · 100 g Butter · Pfeffer · Muskatnuß · 2 Bund Schnittlauch · 100 g frisch geriebener Emmentaler

- Zubereitungszeit: $1^1/_2$ Stunden

So wird's gemacht: Aus dem Mehl, 3 Eiern und dem Salz nach dem Grundrezept (Seite 6) einen geschmeidigen Nudelteig herstellen und 20 Minuten ruhen lassen. • Inzwischen den Spinat verlesen, gut waschen und in einem Topf mit wenig Wasser kurz kochen, bis die Blätter zusammenfallen, dann abgießen, abtropfen lassen, gut ausdrücken und feinhakken. • In einer Pfanne 2 Eßlöffel Butter heiß werden lassen, den Spinat dazugeben, mit Salz, Pfeffer und Muskatnuß gut würzen und bei mittlerer Hitze braten, dabei umrühren, damit die Flüssigkeit verdampfen kann, ohne daß das Gemüse anbrennt. Zum Auskühlen auf einen großen Teller geben. • Die restliche Butter in einem Pfännchen schmelzen lassen, warm stellen. • Den Schnittlauch waschen und in feine Röllchen schneiden. • Den Nudelteig in 4 Portionen teilen, 3 davon wieder in das Tuch einschlagen. Das restliche Stück möglichst dünn ausrollen, dann mit einer runden Ausstechform oder einem Glas von etwa 8 cm Ø Kreise ausstechen. Mit einem Teelöffel kleine Portionen Spinat auf der unteren Hälfte so verteilen, daß ein Rand von knapp 1 cm freibleibt. • Das letzte Ei in Eigelb und Eiweiß trennen, das Eiweiß mit 1 Eßlöffel Wasser verquirlen, die Ränder der oberen Kreishälften damit bestreichen und zu Täschchen schließen, dabei den Rand in der Mitte leicht andrücken. Jetzt die Krapfen nacheinander in die linke Hand nehmen, mit Daumen und Zeigefinger der rechten Hand die Ränder sorgfältig zusammendrücken und auf ein bemehltes Tuch legen. • Wenn alle Krapfen fertig sind, in einem großen Topf mit viel kochendem Salzwasser in 10 Minuten garen, dann mit dem Schaumlöffel herausnehmen. Auf vorgewärmte Portionsteller verteilen, mit der geschmolzenen Butter, dem Käse und dem Schnittlauch servieren.

Mein Tip Teigreste, die beim Ausstechen der Krapfen übrig bleiben, in einer kleinen Plastiktüte sammeln, verschlossen halten und zum Schluß gut verkneten, messerrückendick ausrollen und zu Suppennudeln verarbeiten.

Ravioli

Man findet Ravioli vakuumverpackt in den Lebensmittelabteilungen vieler Kaufhäuser. Italienische Feinkostgeschäfte bieten sie auch täglich frisch aus eigener Produktion an. Beide Arten kann man als Einlage in einer Fleischbrühe verwenden, mit verschiedenen Saucen servieren oder überbacken. Da aber Ravioli, wie andere Teigwaren, hausgemacht doch am besten schmecken, sollte man einmal versuchen, sie selbst herzustellen. Das ist zwar etwas zeitraubend, aber nicht schwierig.

300 g Mehl · 4 Eier · 1 Prise Salz · 250 g mageres Rind-, Kalb- oder Schweinefleisch · 2 Eßl. Butter · 250 g Spinat · 100 g gekochter Schinken · 50 g Salami · 5 Eßl. geriebener Parmesankäse · Pfeffer · Muskatnuß · 1–2 Eßl. Marsala oder trockener Rotwein · Tomatensauce nach dem Rezept »Spaghetti alla napoletana« (Seite 30)

● Zubereitungszeit: 1½ Stunden. Dabei ist die Garzeit für die Tomatensauce nicht berücksichtigt.

So wird's gemacht: Aus dem Mehl, 3 Eiern und dem Salz nach dem Grundrezept (Seite 6) einen Nudelteig zubereiten und so lange ruhen lassen, bis die Füllung fertig ist. • Das Fleisch kurz waschen, abtrocknen und in dünne Scheibchen schneiden. • In einer Pfanne die Butter erhitzen und das Fleisch kurz darin anbraten. • Den Spinat verlesen, waschen, in einem Topf in wenig Wasser kurz kochen, bis die Blätter zusammenfallen, dann abgießen, abtropfen lassen und gut ausdrücken. • Das Fleisch, den Spinat, den Schinken und die Salami feinhacken oder durch den Fleischwolf drehen. • Das letzte Ei in Eigelb und Eiweiß trennen und letzteres in einer Tasse mit 1 Eßlöffel Wasser verquirlen. • In einer Schüssel das Gehackte mit 2 Eßlöffel Käse, den Gewürzen, dem Eigelb und dem Wein zu einer homogenen, nicht zu festen Füllung verarbeiten. • Den Nudelteig halbieren und jede Hälfte möglichst dünn ausrollen. Eine Teigplatte mit einem leicht angefeuchteten Küchentuch bedecken, damit sie geschmeidig bleibt. Auf die andere Platte mit Hilfe von 2 Teelöffeln im Abstand von etwa 5 cm nußgroße Portionen der Füllung geben. Die Zwischenräume mit dem Eiweiß bestreichen. Jetzt die zweite Teigplatte locker darüberlegen, mit der Fingerkuppe um die Füllung herum andrücken. Dann mit einem Teigrädchen im Schachbrettmuster durchschneiden, die Ravioli voneinander trennen und auf einem bemehlten Küchentuch kurz antrocknen lassen. • In einen

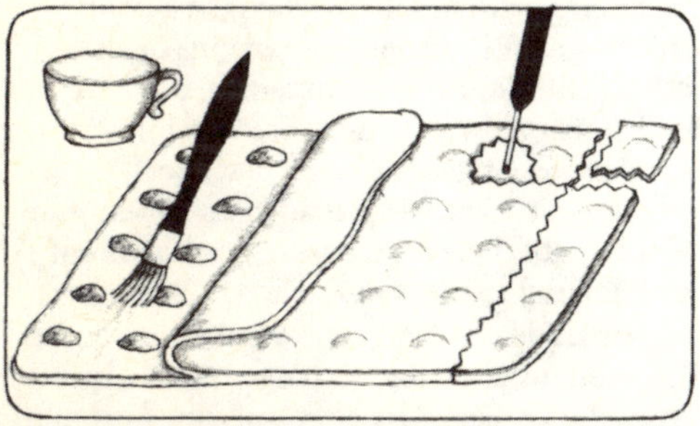

Hausgemachte Ravioli sind weniger schwer zuzubereiten als man denkt.

großen Topf mit viel sprudelnd kochendem Salzwasser geben, 7–10 Minuten darin ziehen lassen und mit einem Schaumlöffel herausnehmen. In eine flache, vorgewärmte Schüssel geben, mit der Tomatensauce begießen und mit dem restlichen Käse bestreuen.

Mein Tip Hausgemachte Ravioli schmecken besonders gut, wenn man sie nur mit brauner Butter begießt und mit geriebenem Parmesankäse bestreut. Läßt man frische Salbeiblättchen in der Butter ziehen, erhält das Gericht eine aparte Note. Das frische Fleisch für die Füllung kann ganz oder teilweise durch Reste von Braten oder gekochtem Rindfleisch ersetzt werden.

Ravioli in Sahnesauce

Man findet dieses Gericht auf italienischen Speisekarten unter der Bezeichnung »Ravioli alla panna«.

Ravioli aus 300 g Mehl (Grundrezept Seite 58) · 50 g Butter · $^1/_4$ l Sahne (Süßrahm) · 4 Eßl. geriebener Parmesan

- Zubereitungszeit: $1^1/_2$ Stunden

So wird's gemacht: Die Ravioli nach dem Grundrezept herstellen, dann in kochendem Wasser »al dente« kochen. • Inzwischen in einer flachen Pfanne die Butter mit der Sahne erhitzen. • Die Ravioli mit dem Schaumlöffel aus dem Wasser nehmen, kurz abtropfen lassen und in die Pfanne geben. Die Hälfte des Parmesans darüberstreuen und mit 2 Gabeln vorsichtig mischen. Dann auf vorgewärmte Teller verteilen, den restlichen Käse darüberstreuen und sofort servieren.

Tortellini

Ich mache mir selten die Mühe, Tortellini selbst herzustellen. Denn die Zubereitung erfordert viel Zeit und Geduld. Was dabei herauskommt, schmeckt wie Ravioli, nur präsentiert es sich in raffinierterer Aufmachung. In Geschäften für ausländische Spezialitäten kann man Tortellini wie Ravioli vakuumverpackt oder auch frisch kaufen. Sie lassen sich mit Hilfe von Saucen oder durch Überbacken so »veredeln«, daß nur Kenner einen Unterschied zur hausgemachten Qualität feststellen können.

Tortellini, die kleine Form dieser Spezies, eignen sich vortrefflich als Einlage in einer kräftigen Hühnerbouillon. Tortelloni sind größer und nicht immer mit Fleisch, sondern auch mit Spinat und Ricotta (italienischer Frischkäse) gefüllt. Manchmal ist der Teig durch Verwendung von Tomatensaft rötlich, oder durch Beigabe von passiertem Spinat grün gefärbt. Das beeinflußt den Geschmack nur wenig, erzielt aber hübsche optische Effekte. Man rechnet pro Person etwa 150 g dieser Teigwaren, wenn sie als Hauptgericht gegessen werden. Verwendet man sie als Suppeneinlage, genügt die Hälfte. Sie werden in reichlich kochendem Salzwasser »al dente« gegart, auf ein Sieb geschüttet und, wenn sie abgetropft sind, nach Belieben weiterverarbeitet. Auf den Vakuumpackungen sind die Kochzeiten angegeben. Wenn Sie frische Ware kaufen, fragen Sie am besten den Händler danach.

Man serviert Tortellini gerne in einer Sauce aus Butter, Sahne und geriebenem Parmesankäse. Man kann sie aber auch mit Tomatensauce (Seite 30) oder Hackfleischsauce (Seite 31) und geriebenem Käse überbacken.

Tortellini mit Geflügelleber

Bild Seite 28

8–10 frische Salbeiblättchen · 1 Zitrone · 300 g Geflügellebern · 1 Zwiebel · 3 Eßl. Butter · 1/2 Dose Tomaten (250 g) · Salz · Pfeffer · 500 g Tortellini oder Tortelloni · 3 Eßl. geriebener Parmesankäse

- Zubereitungszeit: 45 Minuten

So wird's gemacht: Die Salbeiblättchen waschen und feinschneiden. Die Zitrone auspressen. Die Geflügellebern putzen, kurz mit kaltem Wasser abbrausen, mit Küchenkrepp trockentupfen und grob zerkleinern. In einer kleinen Schüssel mit den Salbeiblättchen und dem Zitronensaft verrühren und zugedeckt marinieren lassen. • Inzwischen die Zwiebel schälen und feinschneiden. • In einer Kasserolle 2 Eßlöffel Butter schmelzen, die Zwiebel darin leicht anbraten, die Tomaten mit dem Saft dazugeben und mit Salz und Pfeffer würzen. Bei mittlerer Hitze eindicken lassen. • Inzwischen die Teigwaren nach Vorschrift auf der Packung »al dente« kochen. • 2–3 Minuten vor Ende der Garzeit die Leber unter die Tomaten mischen und so lange rühren, bis sie die Farbe verliert. Die abgetropften Tortellini auf vorgewärmte Portionsteller verteilen, mit der Sauce begießen, Butterflöckchen daraufsetzen und mit Käse bestreuen.

Mein Tip Dieses Gericht eignet sich, zusammen mit einem Salat, gut als Hauptgericht.

Schwäbische Maultaschen

Bild Seite 56

Ich würde es nie wagen, Ihnen »das beste Rezept« für echte Maultaschen anzubieten, denn fast jede schwäbische Hausfrau kennt ein ganz besonders gutes, das schon seit Urgroßmutters Zeiten in ihrer Familie als unübertrefflich gilt. Ich verdanke mein Lieblingsrezept Freunden, die von mir italienisch bekocht werden und die sich mit schwäbischen Spezialitäten dafür revanchieren.

350 g Mehl · 4 Eier · 2 Eßl. lauwarmes Wasser · 1 Teel. Öl · Salz · 2 altbackene Brötchen (Semmeln) · etwa 1 Tasse Milch · 500 g frischer (oder 300 g tiefgefrorener) Spinat · 20 g Speck · 1 Zwiebel · 1 Bund Petersilie · 2 Eßl. Butter · 200 g Bratwurstbrät · Pfeffer · Muskatnuß · 1 Eiweiß · 1 Bund Schnittlauch · 1$^1/_2$ l heiße Fleischbrühe

● Zubereitungszeit: 1$^1/_4$ Stunden

So wird's gemacht: Aus dem Mehl, 3 Eiern, dem Wasser, dem Öl und einer Prise Salz nach dem Grundrezept (Seite 6) einen Nudelteig zubereiten, mit einer vorgewärmten Schüssel zudecken und so lange ruhen lassen, bis die Füllung fertig ist. • Die Brötchen kleinschneiden und in der Milch einweichen. • Den Spinat verlesen, waschen und mit wenig Wasser ganz kurz kochen, dann abtropfen lassen. • Den Speck feinwiegen, die Zwiebel schälen und feinhacken. Die Petersilie waschen und feinschneiden. • Den Spinat gut auspressen, dann hacken. • In einem Pfännchen die Butter erhitzen, zuerst den Speck ausbraten, dann die Petersilie noch kurz mitbraten. In einer Schüssel die leicht ausgedrückten Brötchen mit dem Spinat, dem Brät, dem Speck und der Petersilie mit ihrem Bratfett, dem Ei und den Gewürzen zu einer streichfähigen Masse verarbeiten. • Den Nudelteig dünn ausrollen und in Rechtecke von 5 × 12 cm Seitenlänge schneiden und die Ränder mit Eiweiß bestreichen. Auf die untere Hälfte einen Teelöffel der Fülle geben und die obere Hälfte darüberklappen. Die Ränder mit einer Gabel zusammendrücken. In einem großen Topf mit leicht kochendem Salzwasser 8–10 Minuten ziehen lassen. • Den Schnittlauch waschen und in feine Röllchen schneiden. • Die Maultaschen mit einem Schaumlöffel aus dem Wasser nehmen und in der heißen Fleischbrühe, mit Schnittlauch bestreut, servieren.

Mein Tip Man kann Maultaschen nicht nur »zu Wasser«, sondern auch »zu Land« genießen. Dann werden sie entweder in mit Butter gerösteten Semmelbröseln geschwenkt oder mit viel goldgelb gebratenen Zwiebelringen und feingehackter Petersilie bestreut. Gekochte Maultaschen lassen sich einfrieren, wenn man sie vorher auf Pergamentpapier legt und antrocknen läßt.

Leichte und deftige Nudelsuppen

Unsere Mutter war eine hervorragende Köchin. Sie zauberte für den täglichen Mittagstisch Aufläufe, Strudel und Krapfen, Marillenknödel, Apfelküchl und Kaiserschmarren, alles, was ein Kinderherz höher schlagen läßt. Um aber an diese köstlichen Dinge heranzukommen, mußte vorher ein großer Teller Suppe leergegessen werden. Das paßte mir überhaupt nicht. Vater aber mochte sie gerne, und wir Kinder mußten sie essen, um »groß und stark zu werden«. Nur Mutter nahm nie einen Löffel davon. Damals hatte ich mir fest vorgenommen, wenn ich einmal »groß« wäre, auch eine »Mammi« zu werden, um nie mehr Suppe essen zu müssen. Jetzt habe ich eine eigene Familie, Suppe esse ich jedoch inzwischen gerne und meine vier Söhne haben sich sogar zu richtigen Suppenfans entwickelt.

Die Suppe hat allerdings in unserem Haushalt ihre Funktion geändert. Deftige Suppen wurden zur Hauptmahlzeit, leichte dienen nur mehr als Auftakt zu einem festlichen Menü, und einige bewähren sich als »Mitternachtssuppen«, wenn ein feuchtfröhlicher Abend so lange dauert, daß die Gäste wieder hungrig werden. Gerade herzhafte Nudelsuppen sind für solche Gelegenheiten bestens geeignet. Man kann sie vorbereiten und braucht sie dann bei Bedarf nur aufzuwärmen. Die Teigwaren dürfen erst kurz vor dem Servieren in der Suppe gekocht werden.

Muschelsuppe

1 kg Miesmuscheln · 1 Zwiebel · 2 Knoblauchzehen · 80 g Speck · 2 Kartoffeln (300 g) · 4 Eßl. Olivenöl · 1¹/₄ l Wasser · Salz · frisch gemahlener Pfeffer · 200 g kurze kleine Teigwaren (Ditalini)

- Zubereitungszeit: 1 Stunde 15 Minuten

So wird's gemacht: Die Muscheln unter fließendem kaltem Wasser gut bürsten und entbarten. Die Zwiebel und den Knoblauch schälen, mit dem Speck zusammen ganz fein hakken oder wiegen. Die Kartoffeln schälen, in kleine Würfel schneiden. • In einem Topf 2 Eßlöffel Öl heiß werden lassen. Das Gehackte 10 Minuten bei milder Hitze braten, die Kartoffeln dazugeben, kurz ziehen lassen und mit 1 l kochendem Wasser aufgießen, leicht salzen (die Muscheln würzen zusätzlich) und zugedeckt langsam kochen lassen. • In einem 2. Topf die Muscheln mit dem restlichen Öl, $^1/_4$ l Wasser und einer Prise Pfeffer bei starker Hitze so lange rühren, bis sich die Schalen öffnen. Das Muschelfleisch herausnehmen, die Schalen wegwerfen. Das Muschelwasser durch ein feines Sieb oder ein Tuch gießen. • Wenn die Kartoffeln knapp gar sind, die Teigwaren in den Suppentopf geben, »al dente« kochen. Kurz vor Ende der Garzeit die Muscheln mit dem Saft unter die Suppe rühren und mit Salz nachwürzen.

Zucchinisuppe mit Nudeln

1 Bund Petersilie · 50 g Speck · 2 Knoblauchzehen · 1 Zwiebel · 4 reife Tomaten · 500 g kleine feste Zucchini · 3 Eßl. Olivenöl · $1^1/_2$ l Knochen- oder Würfelbrühe · 200 g Hörnchen oder Ditalini · Salz · Pfeffer · 2 Eßl. geriebener Parmesankäse

- Zubereitungszeit: 1 Stunde 15 Minuten

So wird's gemacht: Die Petersilie waschen, trockentupfen und feinhacken, den Speck in kleine Würfel schneiden. Die Knoblauchzehen schälen und zerdrücken. Die Zwiebel schälen und in dünne Ringe schneiden. Die Tomaten kurz in kochendes Wasser tauchen, enthäuten und grob zerkleinern, dabei die grünen Stengelansätze entfernen. Die Zucchini waschen, beide Enden abschneiden und ungeschält in Scheibchen schneiden. • In einer Kasserolle das Öl heiß werden lassen, den Speck, die Petersilie, den Knoblauch und die Zwiebel so lange bei milder Hitze braten, bis die Zwiebelringe weich werden. Jetzt die Tomaten und die Zucchini dazugeben und zugedeckt bei mittlerer Hitze so lange schmoren lassen, bis der Tomatensaft verdampft ist. • Inzwischen die Brühe zum Kochen bringen und damit das Gemüse angießen. Zugedeckt bei schwacher Hitze 30 Minuten kochen lassen. • Die Teigwaren dazugeben. Bei Bedarf nachwürzen. Sobald die Nudeln »al dente« sind, die Suppe auf Portionsschüsseln verteilen, mit frisch gemahlenem Pfeffer würzen, den Parmesankäse darüberstreuen und sofort servieren.

Mein Tip Zur Zucchinisaison von dem Gericht mehr zubereiten, dabei aber nur wenig Brühe verwenden. Portionsweise (ohne Teigwaren) einfrieren. Den Rest mit Brühe auffüllen und nach Rezept fertigkochen. Bei Bedarf das gefrorene Gemüse in heißer Brühe auftauen und weiterverarbeiten.

Nudeltopf mit Geflügelinnereien

1 Paket tiefgefrorene Hühnerherzen oder -mägen (500 g) · 1 Paket tiefgefrorenes Suppengemüse (etwa 300 g) · 1¼ l Wasser · 1 Eßl. Suppenwürze · Salz · Pfeffer · 200 g Gabelspaghetti oder kleine Muscheln · 1 Bund Schnittlauch

- Zubereitungszeit: 45 Minuten

So wird's gemacht: Die Herzen oder Mägen auftauen, wenn nötig putzen, dann abbrausen und in kleine Stücke schneiden. • Im Dampftopf das Wasser zum Kochen bringen, das Fleisch und das gefrorene Gemüse dazugeben, mit Suppenwürze, Salz und Pfeffer würzen, den Topf schließen und in 15–20 Minuten unter Druck garen. Nach Vorschrift öffnen. • Jetzt die Teigwaren in den Topf geben und in der Suppe »al dente« kochen. Den Topf nicht mehr schließen. • Inzwischen den Schnittlauch waschen, trockentupfen und in feine Röllchen schneiden. Sobald die Suppe gar ist, nachwürzen, mit dem Schnittlauch bestreuen und sofort servieren.

Nudelsuppe mit Kohl und Bohnen

750 g Kohl (Wirsing) · 1 Zwiebel · 2 Möhren (Karotten) · 1 Stange Bleichsellerie · 100 g durchwachsener Speck · 1 Bund Petersilie · 1¼ l Brühe · 1 Dose Borlottibohnen (500g) · 150 g kurze, nicht zu feine Teigwaren

(Ditalini oder kleine Muscheln) · 1 Eßl. Butter · frischgemahlener Pfeffer · Salz · 2 Eßl. geriebener Parmesankäse

- Zubereitungszeit: 1 Stunde

So wird's gemacht: Den Kohl in vier Stücke teilen, den Strunk und die harten äußeren Blätter entfernen, waschen. 5 Minuten in kochendes Wasser geben, abgießen und in feine Streifen schneiden. • Die Zwiebel schälen und in Ringe schneiden. Die Möhren schaben, den Bleichsellerie putzen, beide Gemüse in Scheibchen schneiden. • Den Speck feinschneiden. Die Petersilie waschen, trockentupfen und feinhacken. Den Kohl, die Zwiebel, die Möhren und den Sellerie in einen Topf geben, mit der Brühe aufgießen und zugedeckt langsam 45 Minuten kochen lassen. Den Speck und die Bohnen dazugeben. Sobald das Gemüse fast gar ist, die Petersilie und die Teigwaren dazugeben. • Die Nudeln »al dente« kochen. Den Topf vom Herd nehmen. • Die Butter, 1 Prise Pfeffer, bei Bedarf etwas Salz und den Käse unterrühren, sofort servieren.

Kartoffelsuppe mit Nudeln

Eine ungewohnte Kombination. Sie stammt aus Italien, hat aber eine Parallele in der schwäbischen Küche, den Gaisburger Marsch.

1 große Gemüsezwiebel · 250 g junge Möhren (Karotten) · 2 Stangen Bleichsellerie · 200 g durchwachsener Speck · 2–3 Tomaten · 4 Eßl. Olivenöl · 3 Kartoffeln (etwa 400 g) · 1 1/2 l Fleischbrühe · 1 Lorbeerblatt · Salz · frisch gemahlener Pfeffer · 150 g Hörnchen oder Ditalini · 2 Eßl. geriebener Pecorino (Schafkäse)

- Zubereitungszeit: 1 Stunde

So wird's gemacht: Die Zwiebel schälen, die Möhren schaben, den Sellerie putzen und waschen. Das Gemüse und den Speck in kleine Würfel (1/2 cm) schneiden. Die Tomaten kurz in kochendes Wasser tauchen, enthäuten, in kleine Stücke schneiden und dabei die grünen Stengelansätze entfernen. • In einem Topf das Öl heiß werden lassen. Speck und Gemüse bei milder Hitze darin anbraten. Die Tomaten dazugeben und zugedeckt 15 Minuten dünsten. • Inzwischen die Kartoffeln schälen, in Stäbchen wie für Pommes frites schneiden, dann würfeln, zu dem Gemüse geben und mitschmoren lassen. • Die Fleischbrühe aufkochen lassen und an das Gemüse gießen. Mit dem Lorbeerblatt, Salz und Pfeffer würzen und so lange zugedeckt kochen, bis das Gemüse fast gar ist. • Jetzt die Nudeln dazugeben und in der Suppe »al dente« kochen. Die Suppe in eine Terrine geben, den Pecorino unterrühren. Sofort servieren.

Mein Tip Wenn Sie das Gericht als Hauptmahlzeit servieren wollen, kochen Sie 50–100 g mehr Nudeln in der Suppe, lassen den Topf vor dem Anrichten zugedeckt kurz stehen, und servieren das Gericht beinahe »trocken«.

Es müssen nicht immer »Lasagne al forno« oder »Cannelloni« sein, wenn man mit überbackenen Teigwaren seine Gäste beeindrukken will. Nudeln kann man mit gekochtem oder gebratenem Fleisch, Schinken, Wurst, Gemüsen oder Pilzen, Eiern und Käse zu köstlichen Spezialitäten komponieren, die jedem Appetit gerecht werden, ohne die Haushaltskasse außergewöhnlich zu belasten.

Nudelauflauf mit Spiegeleiern

Bild Seite 55

2 Knoblauchzehen · 3 Eßl. Butter · 1 Dose Tomaten (500 g) · Salz · Pfeffer · 1/2 Teel. Majoran · 400 g Spaghetti oder andere Teigwaren · 200 g gekochter Schinken · 1 Bund Schnittlauch · 5 Eßl. frisch geriebener Emmentaler · 1/8 l Sahne · 4 Eier

● Zubereitungszeit: 1 Stunde

So wird's gemacht: Die Knoblauchzehen schälen und feinhacken. • In einer Kasserolle 1 Eßlöffel Butter erhitzen, den Knoblauch leicht anbraten, dann die Tomaten dazugeben und mit einer Gabel zerdrücken. Mit Salz, Pfeffer und Majoran würzen und bei guter Hitze eindicken lassen. • Inzwischen die Nudeln knapp »al dente« kochen. • Den Schinken in kleine Würfel, den Schnittlauch waschen und in dünne Röllchen schneiden. • Die Nudeln auf ein Sieb schütten, kurz mit kaltem Wasser abbrausen und abtropfen lassen. • Eine Gratinform gut mit Butter ausstreichen, die Hälfte der Nudeln einfüllen, mit der Hälfte des Schinkens und 3 Eßlöffeln Käse bestreuen. Die restlichen Nudeln daraufgeben, glattstreichen. Tomaten und Schinkenwürfel darauf verteilen, mit Sahne begießen, mit Käse bestreuen und die restliche Butter in Flöckchen daraufsetzen. • Im vorgeheizten Ofen bei 200 °C in 20 Minuten überbacken. Vor dem Servieren 4 Spiegeleier backen, auf den Auflauf geben und mit dem Schnittlauch bestreuen.

Makkaroni mit Mozzarella

Tomatensauce (Rezept Seite 30) · 350 g Makkaroni · 200 g Mozzarella (Weichkäse aus Büffelmilch) · 80 g Butter · 50 g geriebener Parmesankäse

● Zubereitungszeit: 1 Stunde, dabei ist die Garzeit für die Tomatensauce nicht berücksichtigt.

So wird's gemacht: Die Tomatensauce zubereiten. • Die Nudeln in etwa 5 cm lange Stücke brechen, in Salzwasser »al dente« kochen, auf ein Sieb schütten, kurz mit kaltem Wasser abbrausen und gut abtropfen lassen. • Den Mozzarella in feine Scheiben schneiden. • Eine feuerfeste Form mit Butter ausstreichen. • Eine erste Lage Nudeln hineingeben, mit der Tomatensauce begießen, mit den Mozzarellascheibchen belegen und mit Parmesankäse bestreuen. So kommt Lage auf Lage, bis alle Zutaten aufgebraucht sind. Die letzte Schicht muß aus Sauce bestehen, auf die man die restliche Butter in Flöckchen verteilt. Im vorgeheizten Ofen bei 180 °C 30 Minuten backen.

Bandnudeln mit Pilzen

4 Eier · 350 g Bandnudeln · 250 g frische Champignons · 1 Bund Petersilie · 1 Zwiebel · 100 g Butter · Salz · Pfeffer · 1/4 l saure Sahne (Sauerrahm) · 2 Eßl. Semmelbrösel

● Zubereitungszeit: 1 Stunde 15 Minuten

So wird's gemacht: Die Eier in 10 Minuten hart kochen, dann abschrecken, schälen und in Scheiben schneiden. • Die Nudeln »al dente« kochen. • Inzwischen die Pilze putzen, kurz waschen und in Scheibchen schneiden. Die Petersilie waschen und feinhacken. Die Zwiebel schälen und in dünne Ringe schneiden. • Die Nudeln in ein Sieb schütten, kurz mit Wasser abbrausen und gut abtropfen lassen. • Inzwischen in einem Pfännchen 1 Eßlöffel Butter erhitzen, die Petersilie und die Zwiebelringe kurz darin anbraten, die Pilze dazugeben und bei starker Hitze so lange braten, bis die Flüssigkeit verdampft ist. Mit Salz und Pfeffer würzen. • Eine Gratinform gut mit Butter ausstreichen, ein Drittel der Nudeln einfüllen, mit den Eischeiben belegen, mit Salz und Pfeffer würzen, dann das zweite Drittel der Nudeln darübergeben. Darauf die Pilze verteilen und mit den restlichen Nudeln abdecken. • Den Rest der Butter leicht erwärmen, mit der sauren Sahne gut verrühren und über die Nudeln gießen. Den Auflauf mit den Semmelbröseln bestreuen und im vorgeheizten Ofen bei 200 °C 20 Minuten überbacken.

Nudelauflauf mit Gemüse und Schinken

Ein Paket tiefgefrorenes Gemüse (300 g) · 200 g Eierbandnudeln · 250 g gekochter Schinken · 75 g Butter · 3 Eßl. Semmelbrösel · 2 Eier · Salz · Pfeffer · Muskatnuß · knapp 1/4 l saure Sahne (Sauerrahm)

● Zubereitungszeit: 1 Stunde

So wird's gemacht: Das Gemüse nach Vorschrift auf der Packung garen. • Die Nudeln »al dente« kochen. • Den Schinken in kleine Würfel schneiden. • Eine feuerfeste Form mit Butter ausstreichen und mit Semmelbröseln bestreuen. • Die Nudeln auf ein Sieb schütten, kurz mit kaltem Wasser abbrausen und abtropfen lassen. • Die Eier in Eigelbe und Eiweiße trennen. • In einer Schüssel die Butter schaumig rühren, die Eigelbe nacheinander dazugeben und mit Salz, Pfeffer und Muskatnuß würzen. Mit dem Gemüse, dem Schinken, den Nudeln und der Sahne gut mischen. • Die Eiweiße zu steifem Schnee schlagen und unter die Auflaufmasse heben. • In die Gratinform geben, die Oberfläche glattstreichen und mit Semmelbröseln bestreuen. Butterflöckchen daraufsetzen und im vorgeheizten Ofen bei 180 °C etwa 35 Minuten backen.

Nudelsalate

Nudelsalate lassen sich vorbereiten, und sie sind einfach und ohne großen Zeitaufwand herzustellen. Daher eignen sie sich sowohl für Picknicks wie auch als Hauptmahlzeit an heißen Sommertagen. Sie sind außerdem preiswert und ergiebig und deshalb bei jungen Leuten für ihre großen Parties sehr beliebt. Wenn bei der Zubereitung folgende Regeln beachtet werden, können sie sogar mit anderen Spezialitäten Ihres Kalten Buffets durchaus konkurrieren.

Nudeln für Salate dürfen immer nur frisch und knapp »al dente« gekocht werden. Das Wasser wird stärker gesalzen als für andere Nudelgerichte. Man gießt sie ab, überbraust sie kurz mit kaltem Wasser, läßt sie gut abtropfen und mischt sie, noch lauwarm, mit der gewünschten Sauce. Man läßt sie marinieren, bis die Teigwaren kalt sind, erst dann gibt man die anderen Zutaten dazu. Der Salat soll nun mindestens 2 Stunden im Kühlschrank ziehen. Man muß ihn aber rechtzeitig wieder herausstellen, weil er nur zimmerwarm serviert werden sollte. Nur so kann er sein Aroma voll entfalten.

Da Nudeln ziemlich neutral im Geschmack sind, lassen sie sich zu verschiedensten Salaten kombinieren. Dabei sind Ihrer Phantasie kaum Grenzen gesetzt. Man sollte aber nicht vergessen, daß Teigwaren ländlichen Ursprungs sind und sich daher mit schlichten Zutaten am besten vertragen.

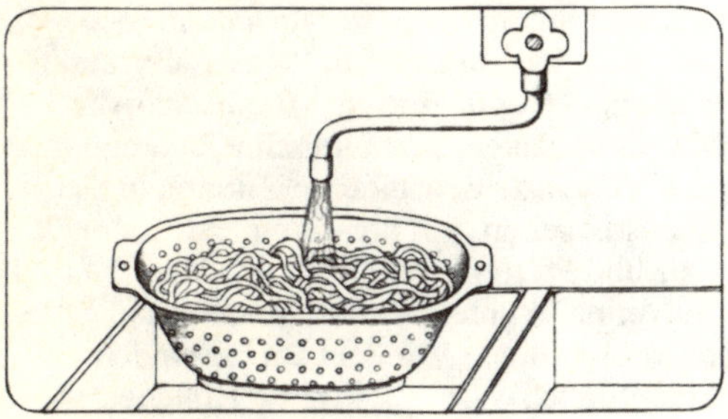

Teigwaren für Nudelsalate sollten immer mit kaltem Wasser abgebraust werden.

Schweizer Nudelsalat

Bild Seite 46

200 g Penne oder Hörnchen · 3 Eßl. Weinessig · Salz · Pfeffer · 2 Eier · 2 Bund Radieschen · 1 Schachtel Kresse · 1/2 Bund Petersilie · 4 reife, schnittfeste Tomaten · 100 g Emmentaler Käse am Stück · knapp 1/4 l saure Sahne (Sauerrahm)

- Zubereitungszeit: 30 Minuten
- Ruhezeit: 1 Stunde

So wird's gemacht: Die Nudeln in gut gesalzenem Wasser »al dente« kochen, auf ein Sieb schütten, kurz mit kaltem Wasser abbrausen, abtropfen lassen und noch lauwarm in einer Salatschüssel mit dem Essig, Salz und Pfeffer mischen. • Die Eier in 10 Minuten hart kochen, abschrecken, schälen und in Scheiben schneiden. • Die Radieschen gut waschen, abtrocknen und in Scheibchen schneiden. Die Kresse mit einer Schere vom Wurzelbett abschneiden, mit der Petersilie kurz kalt abbrausen und feinschneiden. Die Tomaten waschen, halbieren, den Saft, die Kerne und die grünen Stengelansätze entfernen und jede Hälfte in 6–8 Streifen schneiden. Den Käse feinwürfeln. Die Radieschen, die Kräuter, den Käse und die Sahne gut mit den Nudeln verrühren, dann die Tomaten und die Eierscheiben unterheben. Mindestens eine Stunde ziehen lassen.

Nudelsalat mit Schinken und Bohnen

4 reife, aber noch feste Salattomaten · 1 Dose Borlottibohnen · 80 g geräucherter Speck · 150 g gekochter Schinken · 8–10 grüne Oliven · 2 Knoblauchzehen · 5 Sardellenfilets · 10 Basilikumblätter · 250 g kleine Teigwaren (Muscheln oder Ditalini) · Salz · 5 Eßl. Olivenöl · 2–3 Eßl. Weinessig (je nach Säure) · 1 Teel. frische oder 1/2 Teel. getrocknete Majoranblättchen · 1 Messersp. Peperoncino (kleine scharfe Paprikaschote, gemahlen)

- Zubereitungszeit: 30 Minuten
- Ruhezeit: 1 Stunde

So wird's gemacht: Die Tomaten waschen, halbieren, den Saft, die Kerne und die grünen Stengelansätze entfernen. Jede Hälfte in 6–8 Streifen schneiden, in ein Sieb geben und abtropfen lassen. Die Bohnen ebenfalls gut abtropfen lassen. • Den Speck und den Schinken getrennt in kleine Würfel schneiden. Die Oliven entkernen und kleinhacken. Die Knoblauchzehen schälen, mit den Sardellenfilets feinhacken. Das Basilikum ganz kurz abbrausen, sofort trockentupfen und feinschneiden. • Die Nudeln in gut gesalzenem Wasser »al dente« kochen. • In einer Salatschüssel aus dem Öl, dem Essig, den Oliven, dem Knoblauch, den Sardellenfilets, dem Majoran, dem Peperoncino und Salz eine Salatsauce rühren. • Die Bohnen und den Schinken untermischen. • In einem Pfännchen die Speckwürfel im eigenen Fett ausbraten und zu den Bohnen geben. • Die Teigwaren abgießen, mit kaltem Wasser abbrausen und gut abtropfen lassen. Noch warm in die Salatschüssel geben und mit der Sauce gut verrühren. 1 Stunde kühlstellen. Kurz vor dem Servieren die Tomaten und das Basilikum untermischen. Bei Bedarf nachwürzen.

Bunter Nudelsalat

250 g Gabelspaghetti · 1 Dose feine Erbsen mit Möhren (425 ml) · 1 saurer großer Apfel · 200 g Fleischwurst · 200 g weißer Preßsack · 2 große Essiggurken · 1 kleine Zwiebel · 3 Eßl. Weinessig · 2 Eßl. Olivenöl · Salz · Pfeffer · 3–4 Eßl. Salatmayonnaise · 1 Bund Schnittlauch

- Zubereitungszeit: 30 Minuten
- Ruhezeit: 1 Stunde

So wird's gemacht: Die Nudeln in gut gesalzenem Wasser »al dente« kochen. • Inzwischen das Gemüse aus der Dose gut abtropfen lassen. • Den Apfel schälen, das Kernhaus entfernen. Von der Wurst und dem Preßsack die Haut abziehen. Die Möhren, den Apfel, die Wurst, den Preßsack und die Essiggurken in kleine Würfel schneiden und in eine Salatschüssel geben. • Die Nudeln auf ein Sieb schütten, kurz mit kaltem Wasser abbrausen und gut abtropfen lassen. • Inzwischen die Zwiebel schälen, sehr fein schneiden und mit den Nudeln zu den anderen Zutaten in die Schüssel geben. Mit dem Weinessig, dem Öl, Salz und Pfeffer kräftig würzen, dann die Mayonnaise unterrühren. Mindestens 1 Stunde kühl stellen. • Vor dem Servieren den Schnittlauch waschen, in feine Röllchen schneiden und über den Salat streuen.

Nudelsalat mit Huhn und Bleichsellerie

250 g Gabelspaghetti · 2–3 Eßl. Weinessig (je nach Säure) · 3 Eßl. Öl · frisch gemahlener Pfeffer · 1 kleine Zwiebel · 4 Tomaten · 250 g gekochtes Hühnerfleisch (ohne Haut und Knochen) · 1 Scheibe gekochter Schinken (100 g) · 1 mittelgroße Staude Bleichsellerie · 1/2 Tasse Mayonnaise · 1 Bund Petersilie · 8–10 Basilikumblättchen

- Zubereitungszeit: 30 Minuten
- Ruhezeit: mindestens 2 Stunden

So wird's gemacht: Die Nudeln in gut gesalzenem Wasser »al dente« kochen. • Inzwischen aus dem Weinessig, dem Öl und dem Pfeffer eine Salatsauce rühren. • Die Nudeln abgießen, kurz abbrausen, gut abtropfen lassen, in eine Salatschüssel geben und noch warm mit der Sauce mischen. • Die Zwiebel schälen, sehr fein hacken. • Die Tomaten waschen, vierteln, den Saft, die Kerne und die grünen Stengelansätze entfernen, die Viertel der Länge nach in feine Streifen schneiden. • Das Hühnerfleisch und den Schinken in kleine Würfel schneiden. • Den Bleichsellerie putzen, die äußeren Zweige, die leicht holzig sein können, entfernen, das »Herz« waschen, abtrocknen und in dünne Scheibchen schneiden. Die Zwiebel, die Tomaten, das Fleisch, den Schinken, den Sellerie und die Mayonnaise gut mit den Nudeln verrühren. 2–3 Stunden kühlstellen. Kurz vor dem Anrichten die Petersilie und das Basilikum waschen, trockentupfen und feinschneiden, unter den Salat mischen. Bei Bedarf mit Salz und Pfeffer nachwürzen. Zimmerwarm servieren.

Nudelsalat mit Rindfleisch

1 kleine Zwiebel · 2 Knoblauchzehen · 1 Eßl. Kapern · 3 Sardellenfilets · 250 g kleine Teigwaren (Muscheln oder Ditalini) · Salz · 400 g gekochtes, mageres Rindfleisch · 2 Essiggurken · 5 Eßl. Olivenöl · 2–3 Eßl. Weinessig (je nach Säure) · 1 Teel. Senf · frisch gemahlener Pfeffer · 1 Bund Petersilie · 1 Bund Schnittlauch

- Zubereitungszeit: 30 Minuten
- Ruhezeit: 1 Stunde

So wird's gemacht: Die Zwiebel und die Knoblauchzehen schälen und mit den Kapern und den Sardellenfilets feinhacken. • Die Nudeln in gut gesalzenem Wasser »al dente« kochen. • Inzwischen das Rindfleisch und die Essiggurken in Würfelchen schneiden. • Die Nudeln abgießen, mit kaltem Wasser abbrausen, gut abtropfen lassen. • In einer Salatschüssel aus dem Olivenöl, dem Weinessig, der Zwiebel, dem Knoblauch, den Kapern, den Sardellen und dem Senf eine Sauce rühren, mit Salz und frisch gemahlenem Pfeffer würzen. Das Fleisch, die Essiggurken und die Nudeln untermischen. Mindestens 1 Stunde kühlstellen. Kurz vor dem Servieren die Petersilie und den Schnittlauch waschen, trockentupfen und feinschneiden. Unter den Salat rühren. Bei Bedarf nachwürzen.

Rezept- und Sachregister

Die *kursiv* gesetzten Seitenzahlen verweisen auf die Farbbilder.

al dente 8
Appenzeller Nudeln mit Kartoffeln 21
Auflauf, Nudel- mit Gemüse und Schinken 66
–, Nudel- mit Spiegeleiern *55,* 65

Bambussprossen, Gebratene Nudeln mit 49
Bandnudeln mit Entenragout 25
– mit Erbsen und Schinken 21
– mit Geflügelinnereien 26
– mit Pilzen 66
– mit Schweineragout 23
Béchamelsauce 32
Bohnensprossen 48
Bratwurst, Nudeln mit – und Brokkoli 22
Bunter Nudelsalat 69

Chinakohl 47
Chinesische Küche 43
Canneloni *27,* 33

Eierspätzle 50
Eiweißkost 12
Entenragout, Bandnudeln mit 25
Erbsen, Bandnudeln mit – und Schinken 21

fernöstliche Küche, Nudeln für die 13
Fettucine 22
Fischsauce, Nudeln mit – nach Genuser Art 37
Fischspezialitäten, Italienische – mit Nudeln 34
Fleckerl aus dem Burgenland 54
frutti di mare 34

Gaisburger Marsch 51
Gebratene Nudeln mit Bambussprossen 49
Gebratene Nudeln mit Kastanien 43
Geflügelinnereien, Bandnudeln mit 26
–, Nudeltopf mit 63
Gemüse, Nudelauflauf mit – und Schinken 66
–, Nudeln mit – und Krabben 47
–, Nudeln mit Zucchini-20
Genueser Sauce, Schmale Bandnudeln mit *U 3,* 29
Glasnudeln, Schweinefleisch mit 48
Grüne Nudeln mit Tomaten und Pilzen 20
Grüner Spargel 19

Hackfleischsauce, Nudeln mit 31
Hartweizengrieß, Nudeln aus 13
Hasenragout, Spiralnudeln mit 24
Hausgemachte Ravioli 58
Hausgemachte Nudeln 6
Herzmuscheln, Spaghetti mit 35
»Heu und Stroh« mit Sahne und Schinken 17
Huhn, Nudelsalat mit – und Bleichsellerie 68
–, Spaghetti mit 17

Italienische Fischspezialitäten mit Nudeln 34

Käsespätzle 50
Kalbfleisch, Nudeln mit 18
Kalorien/Joule 12
Kartoffelsuppe mit Nudeln 64
Knöpfli, Leber- 52
Kochzeiten für Nudeln 8
Kohlenhydrate 12
Krabben, Nudeln mit Gemüse und 47
–, Spaghetti mit 36

Lammragout, Makkaroni mit 23
Lasagne al forno 32
– verdi 32
Leberknöpfli 52
– mit Sahne und Basilikum 41
– mit Tomaten und Kräutern 40

Makkaroni mit Lammragout 23
– mit Lauch und Spinat 19
– mit Mozzarella 65
Maultaschen, Schwäbische *56,* 61
Miesmuscheln in Weinsauce 35
–, Spaghetti mit 34
Mozzarella, Nudeln mit Tomaten und 41
Muschelsugo 35

Nieren säubern 25
Nieren, Spaghetti mit – in Tomatensauce 25
Nockerl, Tiroler Spinat – 53
Nudelarten 13
Nudelauflauf mit Gemüse und Schinken 66
– mit Spiegeleiern *55,* 65
Nudelmaschine 12
Nudeln mit Bratwurst und Brokkoli 22
– mit Eiern und Petersilie 15
– mit Fischsauce nach Genueser Art 37
– mit Gemüse und Krabben 47
– mit Kalbfleisch 18
– mit Rindfleisch und Zwiebeln 48
– mit Sardellen 16
– mit Sommergemüse 14
– mit Spargel und Tomaten 19
– mit Speck und Zwiebeln 14
– mit Tomaten und Basilikum 42
– mit Tomaten und Mozzarella 41

Rezept- und Sachregister

Nudeln mit Zucchinigemüse 20
Nudelsalat, Bunter 69
– mit Huhn und Bleichsellerie 68
– mit Rindfleisch 69
– mit Schinken und Bohnen 68
–, Schweizer *46,* 67
Nudelsuppe mit Fleisch und Gemüse 47
– mit Kohl und Bohnen 63
– mit Schalotten und Eiern 44
Nudelteig-Zubereitung 8, *9*
Nudeltopf mit Geflügelinnereien 63

Paglia e fieno 17
Pasta all'amatriciana 31
– alla bolognese 31
Penne 13, 20
– mit Oliven und Kapern 39

Ragout, Bandnudeln mit Enten- 25
–, Bandnudeln mit Schweine- 23
–, Makkaroni mit Lamm- 23
–, Spiralnudeln mit Hasen- 24
Ragú alla bolognese 31, 32, 33
Ravioli 58
– in Sahnesauce 59
Rindernieren 26
Rindfleisch, Nudeln mit – und Zwiebeln 48
–, Nudelsalat mit 69

Salat, Bunter Nudel- 69
–, Nudel- mit Huhn und Bleichsellerie 68
–, Nudel- mit Rindfleisch 69
–, Nudel- mit Schinken und Bohnen 68
–, Schweizer Nudel- *46,* 67
Salsiccia 22
Sardellen, Nudeln mit 16
Schinkenfleckerl, Wiener 53
Schlipf- oder Schlutzkrapfen, Tiroler 57
Schwäbische Maultaschen *56,* 61
Schweinefleisch mit Glasnudeln 48
Schweineragout, Bandnudeln mit 23
Schweizer Nudelsalat *46,* 67
Sommergemüse, Nudeln mit 14
Spätzle hausgemacht 50
– mit Schafkäse 51
Spaghetti all'amatriciana 30
– alla carbonara 31
– alla napoletana 30
– alla pizzaiola 42
– alla vongole 35
– con aglio, olio e peperoncino *10,* 29
– di magro 15
– mit Herzmuscheln 35
– mit Huhn 17
– mit Kapern und Tomaten 16
– mit Krabben 36
– mit Miesmuscheln 34
– mit Miesmuscheln in Weinsauce 35
– mit Nieren in Tomatensauce 25
– mit rohen Tomaten 40
– mit Thunfisch 15
– mit Tintenfisch 37
– mit Tintenfisch und Tomaten 38
– mit Tomaten und Oregano 42
Spaghettizange 36
Speck, Nudeln mit – und Zwiebeln 14
Spinat, Makkaroni mit Lauch und 19
Spinatnockerl, Tiroler 53
Spiralnudeln mit Hasenragout 24
Suppe, Kartoffel- mit Nudeln 64
–, Muschel- 62
–, Nudel- mit Kohl und Bohnen 63
–, Zucchini – mit Nudeln 62

Thunfisch, Spaghetti mit 15
Tintenfisch, Spaghetti mit 37
Tintenfisch, Spaghetti mit – und Tomaten 38
Tiroler Schlipf- oder Schlutzkrapfen 57
Tiroler Spinatnockerl 53
Tomaten, Grüne Nudeln mit – und Pilzen 20
–, Linguine mit - und Kräutern 40
–, Nudeln mit - und Basilikum 42
–, Spaghetti mit Kapern und 16
–, Spaghetti mit rohen 40
–, Nudeln mit Spargel und 19
–, Spaghetti mit Tintenfisch und 38
–, Nudeln mit - und Mozzarella 41
–, Spaghetti mit - und Oregano 42
Tomatensauce, Spaghetti mit Nieren in 25
–, Spaghetti mit 30
Tortellini 60
– mit Geflügelleber *28,* 60
Trenette al pesto genovese *U 3,* 29

Vorarlberger Spatzln 50

Weinsauce, Miesmuscheln in 35
Wiener Schinkenfleckerl 53
Wirsing 23

Zubereitung von Nudelsalaten 67
Zucchini 21
Zucchinigemüse, Nudeln mit 20
Zucchinisuppe mit Nudeln 62
Zwiebeln, Nudeln mit Rindfleisch und 48
–, Nudeln mit Speck und 14

Trenette al pesto genovese, ▷
Rezept Seite 29